丛书编委会

主　编：蒋永穆

委　员：张红伟　邓菊秋　王文甫　李航星

　　　　龚勤林　杨　艳　路　征　段海英

国家一流专业建设丛书·财经类

财政学国家一流专业建设的思考与探索

丛书主编◎蒋永穆

主　编◎邓菊秋

四川大学出版社

SICHUAN UNIVERSITY PRESS

图书在版编目（CIP）数据

财政学国家一流专业建设的思考与探索 / 邓菊秋主编． -- 成都：四川大学出版社，2024. 10. -- （国家一流专业建设丛书 / 蒋永穆主编）. -- ISBN 978-7-5690-7424-6

Ⅰ．F810

中国国家版本馆 CIP 数据核字第 2024MQ1234 号

书　　名：财政学国家一流专业建设的思考与探索
　　　　　Caizhengxue Guojia Yiliu Zhuanye Jianshe de Sikao yu Tansuo
主　　编：邓菊秋
丛 书 名：国家一流专业建设丛书·财经类
丛书主编：蒋永穆

选题策划：梁　平　李　梅　叶晗雨
责任编辑：孙滨蓉
责任校对：杨　果
装帧设计：墨创文化
责任印制：李金兰

出版发行：四川大学出版社有限责任公司
　　　　　地址：成都市一环路南一段 24 号（610065）
　　　　　电话：（028）85408311（发行部）、85400276（总编室）
　　　　　电子邮箱：scupress@vip.163.com
　　　　　网址：https://press.scu.edu.cn
印前制作：四川胜翔数码印务设计有限公司
印刷装订：成都市新都华兴印务有限公司

成品尺寸：170 mm×240 mm
印　　张：10
字　　数：175 千字

版　　次：2024 年 11 月 第 1 版
印　　次：2024 年 11 月 第 1 次印刷
定　　价：68.00 元

扫码获取数字资源

四川大学出版社
微信公众号

本社图书如有印装质量问题，请联系发行部调换

本书编委会

主编：邓菊秋

编委：张红伟　李航星　龚勤林　王文甫

　　　傅志明　钱　霞　朱　峰　杨　艳

　　　段海英　路　征　祝梓翔　周　沂

　　　吕一清　李　尧　陈凌庆

前　　言

习近平总书记2016年在全国高校思想政治工作会议上指出："办好我国高校，办出世界一流大学，必须牢牢抓住全面提高人才培养能力这个核心点，并以此带动高校其他工作。"① 归根结底，建设高等教育强国最具标志性的内容就是要培养一流人才。因此，培养一流人才是中国高等教育新时代内涵式发展的核心标准。培养一流人才，基础和核心是办好一流本科。要办好一流本科，必须有一流专业做支撑。建设"一流本科专业"是新时代高等教育发展的战略安排。2019年4月教育部开始启动一流本科专业建设"双万计划"，计划在2019—2021年，建设10000个左右国家一流本科专业点和10000个左右省级一流本科专业点。该计划覆盖本科各个专业，是一项庞大而艰巨的任务。

四川大学财政学专业是1998年因应用经济学一级学科的专业调整在原投资学专业的基础上申请设立的。从1998年开始招收财政学专业本科生，2001年开始招收财政学硕士研究生，2011年开始招收税务专业硕士研究生。2021年获批四川省级一流本科专业建设点。2022年获批国家级一流本科专业建设点。四川大学财政学专业是西南地区最重要的财政本科人才培养基地之一，部分毕业生已成为财税部门的管理人才和业界精英。

四川大学财政学专业发展经历了初创期（1998—2011年）、成长期（2012—2020年）和争创一流期（2021年至今）三个阶段。在发展初期，学校提出要建成"国内一流，国际知名的高水平研究型综合大学"，财政学专业人才培养目标是"厚基础、宽专业、多方向、重能力、高素质、强适应性、具有创新精神的高级专门人才"。然而，由于师资紧张，经验欠缺，因此课程设置主要考虑到学校的基本要求和既有师资。2012年，四川大学提出把学校建成"中国一流高水平的研究型综合大学"的战略目标，全面实施"精英教育、个性化教育、自由全面发展教育"，构建具有四川大学特色的本科"323+X"创

---

① 张烁、鞠鹏：《习近平在全国高校思想政治工作会议上强调　把思想政治工作贯穿教育教学全过程　开创我国高等教育事业发展新局面》，《人民日报》，2016年12月9日第1版。

新人才培养体系。根据学校的指导思想，财政学专业纳入经济学大类培养。第一至三学期执行经济学类教学大纲，第四至八学期执行财政学教学进度表。财政学课程设置由通识教育和专业基础教育、个性化教育两大模块组成。个性化教育分设学术研究型课程、创新探索型课程和实践应用型课程三大类课程体系。每个学生只需修读一个类别的课程即可满足培养要求。2021年进入争创一流期，我们借鉴国际一流大学的一流学科专业水准，突出我校作为研究型综合性大学的特点，进一步深化通识教育，强化学科交叉、国际化教育和实践教学，全面推进探究式-小班化课堂教学改革、非标准答案考试改革和全过程学业评价改革，不断提升财政学专业本科人才培养质量。这主要包括以下四个方面的内容：

第一，适应新时代财税工作新要求，明确专业人才培养目标和要求。新时代我国提出要深化财税体制改革，加快完善系统完备、法制健全、权责清晰、公平普惠、科学规范、运行有效的现代财政制度，这是本专业人才培养面临的新课题、新任务。我们通过开展新时代本科人才培养大讨论，统一了认识，明确了专业定位。综合性高校的人才培养目标是具有坚定的政治立场、健康的身心、人文素养、家国情怀、创新创业精神的高素质、复合型财经专业人才。

第二，不断推进"课堂革命"。"课堂革命"是理念革命、教学方式革命、评价革命、教师培训的系统工程。首先是理念革命。教育理念从以教师为中心向以学生为中心转变，从课程导向向成果导向转变，从以知识为主导向以学生素质能力培养为目标转变。其次是教学方式革命。积极推进探究式-小班化课堂教学，针对学习成果进行教学内容设计，跟踪"自主、合作、探究"学习成效，打造"学中做""做中学""做中思"的学习方式。为提升课程内容质量，四位教师完成并上线了"财政学"慕课，以"金课"建设带动教育教学改革。再次是评价革命。利用信息技术，改进质量管理体系。从监督评价向"评价—反馈—改进"有效闭环转变，从质量监控向持续改进转变。学生学习评价改革为全过程学业评价，以促进学生深度学习和创新思维为导向的"非标准答案考试"，鼓励学生自主学习和创新型思维。最后是教师培训。为帮助教师提升教学水平，学校开设创新教育大讲堂，邀请国内外教育专家讲解最新的教育理念，传授教学技巧。财政学基层教学室每两周举行一次教学研讨会，相互交流，不断提升教学质量。

第三，注重理论联系实际，大力推动实习基地建设。相比理论教学，实践教学的活动空间较为复杂，涉及课堂、课外、校外多个场景；目的更为多样，涉及知识应用、知识拓展、技能提高与伦理提升多个目的，即大学实践教学具有多样性且不同场景及类型之间存在相互联系的结构体系。由于财政学的理论性与应用性均较强，因此，财政学专业的理论教学与实践教学之间的结构体系更加紧密，实践教学需要以实践基础与实验室为依托。学校通过实习基地建设、财税业务模拟实验课建设、专题社会调研活动加强学生的动手操作能力和解决问题能力。学校举办税法知识大赛、德勤税务精英挑战赛等专业竞赛活动，以及税收辩论赛、角色扮演与专题演讲赛等，全面提升学生学习、协作、分析与解决问题的能力。推进专业实习实践教学基地建设，通过与政府部门、大型企业联合制订实习教学计划，提高学生财税实践能力。目前，财政学专业建设有校外实习基地 4 个，其中包括成都市税务局、尤尼泰（四川）税务师事务所、四川立信会计师事务所、国信证券等。

第四，坚持教改与科研项目并重，科研成果引领人才培养。积极鼓励本专业教师进行教改项目的申请，利用教改项目推动教学发展与改革。学校教师近年来主持和参与了一系列教改研究项目，承担过 3 项省部级以上的教改项目。支持教师在教书育人的同时站在科研前沿。本专业教师从 2000 年至今共承担国家级、省部级科研课题等各类科研项目 50 余项。前沿的科研和教学成果反哺和引领一流本科人才培养。在不断引进国内外相关专业优秀人才的基础上，建立了完善的"传帮带"机制，并且坚持长期举办教研室学术沙龙活动，共同探讨教学方式改革；坚持集体备课制度，加深教师对课程内容的理解，并提升教师的讲课技巧。定期举行教研组听课活动，以教研组为单位，每个学期至少完成 3 位教师授课的集体观摩听课，对青年教师提出意见与建议，对资深教师的教学经验进行推广。

《财政学国家一流专业建设的思考与探索》凝聚了四川大学经济学院经管与财税系全体师生教研教改的智慧和汗水。全体师生将自己在教育教学实践中的思考与探索、经验与教训撷取下来，汇入此书，相互学习与激励，相互借鉴与促进，以期共享资源，共同进步。愿此书谱写财政学专业建设与人才培养的新篇章！

邓菊秋

目　录

百年经华，先烈颂歌

——四川大学经济学院红色资源挖掘与红色文化传承

李航星①　朱雯祺②　张意涵③

（四川大学经济学院，四川成都，610065）

摘要：本文通过介绍四川大学经济学院"早期探索传播马克思主义经济学的经院英烈与先辈名师展"项目的策划背景、策划思路、研习过程和工作成效，挖掘和传承四川大学经济学科红色基因和历史文化资源，弘扬社会主义核心价值观，打造四川大学经济学院文化品牌。本文梳理四川大学经济学院1902—1949年留存的20余位革命英烈和先辈名师的事迹，向师生以及社会传播马克思主义经济学的广泛影响。该项目深刻传承了英烈精神，引起了师生的广泛共鸣，不仅充实了学院的党史教育内容，更是一次思政教育与学科发展紧密融合的成功实践。

关键词：马克思主义经济学；革命英烈；先辈名师；红色基因；文化传承

为了学习贯彻习近平新时代中国特色社会主义思想，2021年初，学院提出，挖掘四川大学经济学科红色基因和历史文化资源及当前特色优势，传承和弘扬四川大学文化。在学院领导支持下，笔者带领和指导财政学2021—2023级三个年级硕士研究生朱雯祺、张意涵、朱建萍、邹汶珍、凌潇进行项目论证并成功立项，完成大量工作，三年来取得良好效果。该项目传播了早期马克思主义经济学的四川大学经济学人的事迹和贡献，弘扬了社会主义核心价值观，打造了四川大学经济学院文化品牌，有助于提高公众对马克思主义经济学和百年党史的认识和理解。该项目也是一次实践化的研究生专业思政教育，教学相

---

① 李航星（1964—），四川大学经济学院教授。
② 朱雯祺（2000—），四川大学经济学院硕士研究生。
③ 张意涵（2001—），四川大学经济学院硕士研究生。

长，现总结如下。

一、背景与总体情况

在习近平新时代中国特色社会主义思想指导下，本项目完全依托财政学专业指导教师和硕士研究生，基于推动学校实现高质量发展、加强"三个一流"建设的背景，以打造百年历史的经济学院文化为契机，挖掘四川大学经济学科红色基因和历史文化资源及当前特色优势，传承和弘扬四川大学文化。

在学院领导支持下，我们策划了"早期探索传播马克思主义经济学的经院英烈与先辈名师展"，展览内容以 1949 年前的史料为主，展出了 20 位师生生平，开幕式如图 1 所示。我们根据史料梳理学院红色资源，沉浸红色血脉，将其凝练为革命英烈与先辈名师两部分。选取了八位学院英烈和十二位先辈名师，他们是学院红色基因代表，是学院早期历史中可歌可泣的华章。他们中有带领民众在黑暗中抗争，为了民族独立，不惜抛头颅洒热血的革命先驱；有最早在四川地区传播马克思主义，创建四川党团组织的革命前辈；有推动四川大学经济学科发展，毕生致力于马克思主义经济学研究、传播的学者名师。

图 1　"早期探索传播马克思主义经济学的经院英烈与先辈名师展"开幕式

展览以展板、多媒体等多种形式展出，设计签名、入党宣誓、讲解员讲解等环节，增强公众参与感。展览从 2021 年 6 月在四川大学经济学院开展并延续至今，得到了学校、学院、社会团体等的大力支持。展览的内容翔实深刻，传播范围广泛，不仅对学院师生起到教育效果，而且对学界与社会各界有着长久影响。总体来说，在组织和领导支持指导推动下，师生共同努力，完成了以下工作目标。

（一）学习贯彻习近平总书记关于文化的论述，弘扬社会主义核心价值观，打造四川大学经济学院文化品牌项目

习近平总书记曾说："不忘历史才能开辟未来，善于继承才能善于创新。"[①] 红色资源是党艰辛而辉煌奋斗历程的见证，是最宝贵的精神财富。红色血脉是党政治本色的集中体现，是新时代中国共产党人的精神力量源泉。回望过往历程，眺望前方征途，我们必须始终赓续红色血脉，坚定信念、凝聚力量。在中国共产党领导中国革命、建设和改革的波澜壮阔的历史进程中，涌现出无数的革命先烈，他们用鲜血和生命践行了共产党人的宗旨誓言，展示了坚韧不拔的意志品格，书写了感天动地的人生篇章。这次展览以讴歌四川大学经济学院百年党史中特别是新中国成立前的著名革命先烈为主题主线，讲述革命先烈故事，传承革命先烈遗志，弘扬社会主义核心价值观，打造了四川大学经济学院文化品牌项目。

（二）传播早期马克思主义经济学的四川大学经济学人的事迹和贡献

项目通过整理汇编各项资料，自 2021 年 7 月 1 日起，于四川大学经济学院大厅，以图文形式展示目前已知的新中国成立前四川大学经济学院的英烈生平事件，旨在通过重温激情澎湃的革命历史、重现早期马克思主义经济科学发展史，铭记先辈的丰功伟绩，传承红色基因，在全院营造崇尚英雄、致敬先辈的浓厚氛围，凝聚起新时代建设祖国的磅礴力量。经济学院师生、各界校友、经济学者通过参观本次展览，感悟经济学人对理想信念忠贞笃信、矢志不移、奋斗不息的崇高精神，为民族复兴、人民解放，不怕牺牲、敢于斗争的英勇气概，为国家富强、人民幸福、舍身忘家、勇于登攀、无私奉献的高尚品德。展览充分体现寓史于展、寓教于展的特点，以达到以史育人、用史励志、学史明理的目的，为深入开展以党史教育为重点和核心的"四史教育"提供了生动课堂，为培育社会主义核心价值观和促进主题教育成果走深走实提供新平台。

（三）提高公众对马克思主义经济学和百年党史的认识和理解

"一个有希望的民族不能没有英雄，一个有前途的国家不能没有先锋。"[②] 本项目希望师生们可以通过缅怀学习革命先烈，传承红色基因，重温马克思主

---

① 习近平：《在纪念孔子诞辰 2565 周年国际学术研讨会暨国际儒学联合会第五届会员大会开幕会上的讲话》，人民出版社，2014 年，第 11 页。

② 习近平：《在颁发"中国人民抗日战争胜利 70 周年"纪念章仪式上的讲话》，人民出版社，2015 年，第 19 页。

义经济科学在中国的早期发展史，激扬奋斗精神，践行初心使命，砥砺家国情怀，汲取前进力量，努力为推进中国特色社会主义新时代的宏图大业，实现中华民族伟大复兴的中国梦而不懈奋斗。本项目也希望可以引导学生树立崇高理想信念，在参展活动中收获知识、增长见识、锤炼本领，树立正确的世界观、人生观和价值观。

四川大学历史悠久、传承厚重，经济学科拥有一百二十年历史。四川大学经济学院不忘来时路、薪火永相传，激发追求卓越的精气神，汇聚蓬勃向上的四川大学力量，为把四川大学经济学科建设成为具有中国特色、四川大学风格的学派而不懈努力。

二、思路与方法

（一）明确文化主题与史料梳理

选取 1902—1949 年在新民主主义革命、抗日战争、解放战争时期的 20 位在四川大学学习、生活、工作过的具有代表性和影响力的英烈、先辈人物，深入挖掘整理其生平事迹，了解他们的贡献和影响。

（二）制订前期工作计划和展厅安排

由李航星教授团队与党委副书记梁剑一同负责前期的材料消化、提纲目录的制定、资料收集及整理、展板制作以及展览活动现场布置。在展厅安排上，以"追寻先辈足迹，传承经院底蕴"为主题布展，采取历史图片、场景再现、实物展示、文字概述等表现形式，通过"革命英烈""先辈名师"两大板块全方位、多角度展现波澜壮阔的革命历史画卷，生动地展示了四川大学经济学院革命烈士以及先辈思想进步、青春热情的精神风貌。在开展当天组织党员重温入党誓词，并在展厅设立签名板，方便参展师生在展厅前的展板上签名承诺，树立理想。

（三）立足四川大学，展望未来

我们未来将结合新生入学教育、新任教师岗前培训及重要时间节点广泛开展参观教育活动，也将在目前收集到的档案资料及实物的基础上继续深入挖掘更多四川大学经济学院英烈与先辈名师生平事迹，进一步弘扬英烈的光辉事迹和崇高精神，激励全院乃至全校师生在新时代不忘初心、牢记使命，同时安排宣讲志愿者，为外院师生、校友、经济学者进行定期讲解宣传，扩大活动受益面，为加快推进四川大学"双一流"建设不断贡献智慧和力量。

三、师生学习研究与过程

以"早期探索马克思主义经济学的川大经济学人足迹"为主题，通过展览的形式回顾了新中国成立前在四川大学学习、生活、工作的经济学院英烈和先辈的事迹。活动策划人在四川大学校史博物馆、四川大学档案馆等单位的支持下，基于四川大学出版社出版的《四川大学经济学、商学教育与研究（1902—1949）：档案与期刊选编》《川大记忆：校史文献选辑（川大英烈）》等著作进行史料梳理。学院邀请专家顾问进行指导，并组织师生广泛收集资料，派遣多位师生前往学校档案馆和校史馆，进行原始资料档案的详尽查询，为后续工作奠定了坚实的基础。最终，展览选取了1902—1949年在新民主主义革命、抗日战争、解放战争时期的20余位在四川大学学习、生活、工作过的具有代表性和影响力的英烈、先辈名师，深入挖掘整理先辈生平事迹，重温激情澎湃的革命历史，以及早期马克思主义经济学的发展史，以让观者铭记先辈的丰功伟绩，传承红色基因，为全院师生营造崇尚英雄、致敬先辈的浓厚氛围，凝聚起新时代建设祖国的磅礴力量。

展览的布置以"追寻先辈足迹，传承经院底蕴"为主题，根据史料梳理学院红色资源，深度挖掘红色血脉，将其凝练为两个方面：一是革命的浴血奋斗牺牲，二是革命的理论探索传播。展览分为"革命英烈——五星红旗血染成"和"先辈名师——经济学人剪影"两大板块，采取了历史图片展示、场景再现、实物展示、文字概述等多种形式，全方位、多角度地展现了波澜壮阔的革命历史画卷。展览通过这种生动的展示方式，将四川大学经济学院英烈以及先辈思想进步、青春热情的精神风貌生动地呈现在师生面前，让师生们深刻感受到革命烈士为中华民族独立而艰苦奋斗终生的伟大革命精神以及追求探索马克思主义经济学的求知精神。

在参观展览的过程中，师生们在展厅前特设的展板上，纷纷签下自己的名字，郑重许下对党和人民积极奉献的承诺。这一简单而庄重的仪式，是对革命精神的深刻体验，表达了每位师生对经院英烈与先辈名师的深切敬仰以及继承、发扬革命先辈不屈不挠、无私奉献精神的决心，激励师生们以更加饱满的热情投入科研工作和学习，为早日实现中华民族伟大复兴而不断奋斗。

另一重要环节是组织党员重温入党誓词。在展览期间，通过集体活动的形式，经济学院党委委员、相关科室负责人带领党员庄重地重温入党誓词。入党誓词历经战火纷飞、时代变革，依旧是共产党员难以忘却的历史印记，是共产党员对党和人民做出的庄严承诺。一代又一代中国共产党人，面对鲜红党旗，

5

胸怀满腔热情，右手握拳，一字一句许下铮铮誓言。这样的仪式既是对过去的回顾，更是对党性修养的一次强化，是对未来的郑重承诺。它在历史的延续中，见证了党员对党的忠诚与对事业的坚定信仰，弘扬了共产党员的崇高精神。

同时，学院通过微党课的形式进一步深入传播经济学院英烈和先辈名师的光辉事迹和崇高精神。微党课通过对党史、院史、经济学科发展史"三位一体"的梳理总结，进一步坚定理想信念，增强"四个自信"，以促进党建和事业深度融合，实现高质量发展。在技术层面上，微党课以新媒体为载体，实现了传播模式的多元化，成功打破了传统党课在时空上的局限，突破了组织限制，显著增强了受众群体的参与度。在内容方面，微党课将百年党史与四川大学经济学科发展史相互联系，深度融合，将经济学院英烈与先辈名师投身革命事业的伟大壮举与坚守三寸讲台的鲜活事迹相互融合，使广大师生从中感悟历史，接受精神洗礼，牢记嘱托，勇毅前行。

为拓展活动传播范围和提升影响力，学院积极开展对外交流，与西南财经大学、中国人民大学等高校展开联学共建活动。随着展览活动的进行，学院将进一步结合新生入学教育、新任教师岗前培训以及重要时间节点，广泛开展参观教育活动。未来，学院将继续在已经收集到的档案资料和实物的基础上深入挖掘更多四川大学经济学院先辈名师的生平事迹。学院着力于将展览的影响力延伸到更广泛的师生群体中，使活动成为一个长期而深入人心的教育工程。这不仅有助于激励全院乃至全校师生在新时代不忘初心、牢记使命，更为加快推进四川大学"双一流"建设不断贡献智慧和力量。

四、工作成效及经验

（一）工作成效

在筹建主题展览活动中，展示国家、学院、师生在救亡图存历史中的贡献，以及深刻揭示治学与救国相结合的革命意志，为师生提供了一个深刻的历史教育平台。这次活动不仅是对红色历史的回顾，更是对红色基因的传承和弘扬。活动通过让师生深切感悟先辈的红色基因，激励他们在追求卓越学术成就的同时，铭记初心使命，成为强国建设的合格建设者和可靠接班人。

活动充实了学院党史教育，提升"四史"教育生动性。本次活动系统性梳理了新中国成立前四川大学经济学院的英烈和先辈名师，结合学院学科发展开展党史教育，填补了四川大学经济学院内部党员教育阵地和实境教育课堂的空白，为"四史"教育提供了生动课堂。

活动深刻传承英烈精神，激发师生共鸣，培养师生理想信念。开展当天，展览吸引了众多师生前来参观。学院安排了师生作为讲解员，为参观者提供详细解说，使活动更具教育性，如图2所示。在展览现场，师生们观览图片、文字、多媒体等，深刻感受到学院英烈和先辈名师的崇高事迹。"作为新时代新生力量的我们，要深刻领悟建党精神的伟大内涵，延续红色血脉，弘扬优良传统。"一名同学观展后如是表示。参观者在参观展览中深刻感受到先烈们对理想信念的忠诚、对崇高精神的追求，体会了先烈们为民族复兴、人民解放而英勇斗争的气概，以及为国家富强、人民幸福而无私奉献的高尚品德。展览通过展示先烈们远渡重洋、舍生取义的精神风貌，生动展现了他们为探索追求马克思主义经济学所作出的巨大贡献，充分体现了寓史于展、寓教于展的特点，以达到以史育人、用史励志、学史明理的目的，为培养学生的理想信念、报国之志提供了鲜活的教材，彰显了经济学院在党史教育方面的卓越工作成果。

图 2　财政学研究生志愿者对展览进行生动讲解

活动传播广泛，影响力大。自开展 900 余天以来，传播范围长期覆盖全院全校、社会各界，吸引参展人数超过 1 万人。学院在学术报告厅、周春厅举办国内各类大型学术会议 20 余场，活动直接覆盖参会代表近 3000 人。上海财经大学经济史学系主任、中国经济思想史学会副会长程霖教授，曾对胡寄窗等先辈进行深入研究，参观展览后表达了深深的感动。复旦大学长三角研究院副院长张晖明教授，在了解到四川大学经济学院仍保留高等学校通用教材《政治经济学》的作者蒋学模教授的历史资料后，感触颇深。同时，活动期间学院接待校外单位来访 20 余次。展览吸引了四川省决策咨询委员会宏观经济组、青岛大学、浙江财经大学等单位代表前来参观调研，如图 3、图 4 所示。

图 3　四川省决策咨询委员会副主任唐利民一行参观展览

图 4　青岛大学肖江南副校长一行参观展览

　　活动强化了党建与学院发展的紧密结合。通过筹建和举办主题展览活动，经济学院进一步巩固了以马克思主义为指导的党建方向。活动深入挖掘和展示经济学院英烈和先辈名师的光辉事迹，使党建工作更贴近学院发展实际。展览深入挖掘了学院英烈和先辈名师在各个历史时期的贡献，为广大师生树立了崇高的学术追求榜样。学院积极举办各类讲党史活动，让师生学习了解先辈们的英勇事迹，更好地理解学院的发展历程，感受学院一直以来与党和国家同向同行的责任担当，如图5所示。

图5　研究生党员讲党史暨学习"七一"讲话精神宣讲活动

（二）经验总结

长期以来，四川大学经济学院坚持以马克思主义为指导，围绕建设世界一流经济学院的奋斗目标，不断提高党的建设质量，推进一流事业深度融合。财政学专业指导教师和研究生通过全程组织筹划和具体实施完成展览，充分学习和认识经济学院从革命年代到社会主义建设时期，从改革开放到新时代，始终与党和国家的发展同向同行，勇立潮头，奋勇争先，创造了光辉的历史，留下了光荣的传统和深厚的积淀，在传播马克思主义、传播进步思想、关注经济社会发展、服务社会主义建设、推动经济体制改革等各方面作出了很大贡献。尤其是经济学院充分发挥以政治经济学为主的理论经济学优势，推进党的理论研究与政治经济学学科深度融合，不断巩固和扩大了学院自身的知名度和影响力。这种坚持以马克思主义为指导的办学方针，使经济学院能够在红色历史中找到奋斗的源动力，不断前行，发挥学科优势，提升学院影响力。

这可以说是思政创新教育方式，以史化人、以德育人。项目创新第二课堂育人方式，充分挖掘和利用校内外红色资源，引导师生树立崇高理想信念。"早期探索传播马克思主义经济学的经院英烈与先辈名师展"等红色教育形式，不仅使活动策划者收获了知识、增长了见识、锤炼了本领，也有助于培养观展师生正确的世界观、人生观和价值观，增强了参观者的文化自信、学科自信。

习近平总书记指出，"走得再远、走到再光辉的未来，也不能忘记走过的过去，不能忘记为什么出发"。① 回顾革命英烈所走过的坎坷历程，历史如同一本厚重的教科书，深刻地记录着他们为国为民、为理想为信仰付出的艰辛与生命。在这段历史中，革命先烈的足迹是坚定信仰和崇高理想的写照。他们的奋斗历程将激励着师生们不断增强中国特色社会主义道路自信、理论自信、制度自信、文化自信。通过对他们的敬仰和学习，在传承中创新，在敬畏中奋发，新时代青年们能够更好地肩负起时代赋予的民族复兴重任，能够更加坚定地走向未来，为实现中华民族的伟大复兴而不懈努力。

参考文献

[1] 习近平. 在纪念孔子诞辰 2565 周年国际学术研讨会暨国际儒学联合会第五届会员大会开幕会上的讲话 [M]. 北京：人民出版社，2014.

[2] 习近平. 在颁发"中国人民抗日战争胜利 70 周年"纪念章仪式上的讲话 [N]. 人民日报，2015-09-03（2）.

[3] 习近平. 在庆祝中国共产党成立 95 周年大会上的讲话 [M]. 北京：人民出版社，2016.

[4] 余澳. 四川大学经济学院经济系党支部：以马克思主义为指导　扎实推进立德树人根本任务 [J]. 党建，2021（8）：62-63.

[5] 王东杰，徐悦超. 四川大学经济学、商学教育与研究（1902—1949）：档案与期刊选编 [M]. 成都：四川大学出版社，2018.

[6] 党跃武，陈光复. 川大记忆：校史文献选辑（川大英烈）[M]. 成都：四川大学出版社，2011.

---

① 习近平：《在庆祝中国共产党成立 95 周年大会上的讲话》，人民出版社，2016 年，第 12 页。

高校心理育人的时代内涵与实践探索

张红伟① 何 薇②

（四川大学经济学院，四川大学马克思主义学院，四川成都，610065）

摘要：新时代高校心理育人工作充分展现时代特征，以育心为目标、育德为方向、育人为根本，开展以"三全育人"为组织模式、"五育并举"为行动取向、"四位一体"工作格局为重要抓手的实践探索，通过主体、过程和资源协同，开展育人评价，推动新时代高校心理育人体系构建，更大发挥助力中国式现代化建设效能。

关键词：心理育人；立德树人；"三全育人"

心理健康是青少年成长成才的基础，心理健康教育是高校贯彻落实立德树人根本任务的保障。新时代高校心理育人工作紧紧围绕培育时代新人的目标展开，充分把握心理育人工作的时代内涵，构建高校心理育人体系，是一项重要而紧迫的任务。

一、高校心理育人的时代价值与现实意义

心理育人工作是高校贯彻落实立德树人根本任务的现实需要。新时代青年生逢盛世，更需勇担重任，除了提升科学文化素质，更需要心理健康素质与思想道德素质的协调发展。青年大学生正处于树立崇高理想信念的关键阶段，最需要精心引导与栽培。高校应面向他们开展符合道德认知发展规律的心理健康教育工作，帮助他们正确面对外界环境的急剧变化与矛盾冲突，疏导与调节他们在自我意识、情绪调控、人际关系、社会适应、学习生活等方面较易出现的

---

① 张红伟（1963—），四川大学教授、博士生导师，主要研究方向：宏观经济、高等教育及管理。

② 何薇（1989—），四川大学马克思主义学院博士研究生，主要研究方向：思想政治教育、高等教育及管理。

心理困惑与行为问题，促进大学生健康成长和全面发展。培养担当民族复兴大任的时代新人是新时代高校心理育人工作的价值旨归。

高校心理育人工作是建设高质量教育体系的有机组成。新时代教育发展的新方向和新任务是建设高质量教育体系，这一体系更加注重育人质量本身，并以新发展理念为指导，坚持立德树人。2023 年 4 月，教育部等 17 部门发布的《全面加强和改进新时代学生心理健康工作专项行动计划（2023—2025 年）》从国家教育战略的高度对新时代学生心理健康教育进行了总体部署，为高校心理育人提供了更广阔的发展空间。心理育人是做好新时代大学生思想政治工作的重要手段，2017 年教育部印发的《高校思想政治工作质量提升工程实施纲要》将心理工作纳入"十大育人体系"，要求切实构建心理育人质量提升体系，坚持育心与育德相统一，加强人文关怀和心理疏导，规范发展心理健康教育与咨询服务，更好地适应和满足学生心理健康教育服务需求。

心理育人工作是建设中国式现代化对国民素质的必然要求。"中国式现代化是物质文明和精神文明相协调的现代化"①，推进中国式现代化强国建设，高等教育要发挥龙头作用②。从个体层面来看，学校教育要重视师生心理健康教育，促进师生健康幸福成长；从群体层面来看，卫生健康领域要加强心理健康服务，提升国民心理健康水平；从社会层面来看，社会建设领域要健全社会心理服务体系，培育良好社会心态③。高校心理育人工作担负着培养高素质现代公民的重要责任，是推进健康中国建设的必要方式，为中国式现代化建设提供人才支持。

二、高校心理育人的内涵与目标

（一）高校心理育人的内涵

心理育人就是通过心理的方式来实现育人④。"心理"与"育人"二者具有紧密的内在逻辑关联：人的道德认知过程建立在心理活动规律之上，育人过程也是一个引导受教育者知、情、意、行，由内化到外化的心理发展过程。育人是一个系统工程，除了教育者与受教育者内在的主体要素，还包括教育内容、教育方法、教育环境等，从这个角度来看，心理可以是育人的"理念"

---

① 习近平：《习近平著作选读》（第一卷），人民出版社，2023 年，第 19 页。
② 吴岩：《中国式现代化与高等教育改革创新发展》，《中国高教研究》，2022 年第 11 期，第 22 页。
③ 俞国良、王浩：《新时代我国心理健康教育的发展方向及其路径》，《中国教育科学》，2022 年第 5 期，第 23 页。
④ 马建青、杨肖：《心理育人的内涵、功能与实施》，《思想理论教育》，2018 年第 9 期，第 87 页。

"内容"，也可以是育人的"方法"或"途径"，还可以是育人的"环境氛围"，育人是目标、根本和归宿，二者存在多方面、多层次关系。总的来说，就是要以马克思主义为指导，以培养担当民族复兴大任的时代新人为目标，遵循心理发展与科学育人规律，通过多种方式开展心理健康教育工作，从心理层面推动受教育者全面发展，培育其自尊自信、理性平和、积极向上的健康心态，促进其心理素质与思想道德素质、科学文化素质协调发展。

从新时代高校心理工作与育人的关系来看，心理育人不是指"在心理健康教育的过程中培养人才"的单向育人过程，而是发展为"在心理健康教育的过程中检验育人效果"的双向互动过程。具体而言，新时代高校心理育人的内涵包括两个层面：一是凸显育人功能，通过更高水平的心理健康教育实现育人目标。育人的主体由单一主体升级为多元主体，统一于立德树人的教育实践；心理健康教育本身由单一行动发展出理念、内容、环境、文化等多个维度；育人的目标日趋完善，既关注科学文化素养、思想道德水平，也关注身心健康发展。二是强调育人效果，在心理健康教育中体现和检验育人效果。新时代高校心理育人引导学生在建设幸福校园、和谐社会、健康中国的进程中，展现自尊自信的认知能力、积极乐观的人生态度、坚韧不拔的意志品质，不断激发自我潜能，不断超越、创新创造。

（二）高校心理育人的目标

以育心为直接目标。心理育人为新时代高校心理健康教育工作明确目标。我国高校心理工作自 20 世纪 80 年代起步以来，先后经历了心理咨询、心理疏导、心理健康教育、心理育人等发展过程，高校传统心理工作模式从外引式的心理咨询走向本土化的心理疏导，从问题干预取向的治疗模式走向积极心理健康教育模式[①]，从个案咨询和治病救人的微观视角转向育心育德相统一的宏观视角。高校心理健康教育具体的工作目标包括三层：在一般层面，做好心理健康知识的宣传普及，帮助学生树立心理健康意识，掌握情绪调适方法，提升学习适应能力、人际交往能力；在特殊层面，对于存在心理困扰的学生，提供有针对性的辅导，帮助其解决心理困惑；在个别层面，对于可能存在心理障碍或疾病的学生，启动家校、医校合作机制，及时转介就医，为其早日康复创造良好条件[②]。

---

① 梅萍：《新时代思想政治教育心理疏导的发展走向探析》，《马克思主义研究》，2019 年第 7 期，第 152 页。

② 俞国良、王浩：《构建新时代心理健康教育新格局》，《中国社会科报》，2021 年 12 月 9 日第 7 版。

以育德为基本方向。心理育人为新时代高校思想政治教育工作提升效果。思想政治教育是教育者与受教育者双方的人际互动过程，是以心理品质为基础，以价值观念为中介，以情感意志为纽带，以政治观念为导向的综合教育实践。心理和思想都是人的精神现象，心理是思想的基础，思想是心理的高级形式。思想政治教育与人的心理活动、心理发展密切相关，心理育人工作良好的心理品质是接受思想政治教育的前提和基础。教育效果的实现，与受教育者的知识经验、情感认同、人格特质密切相关，心理育人工作需要遵循心理接受规律和特点，由易到难，由浅入深，经过个体的自我体悟与选择，才能实现情理交融、知行合一。心理育人从学生心理层面向思想道德层面拓展，更加注重价值观引领，发挥个体性功能，由"教育人"向"引导人"转变，促进学生思想观念转化和道德水平提升，增强教育效果。

以育人为根本任务。心理育人为新时代高校人才培养工作拓宽路径。中国特色社会主义进入新时代，对当前高校人才培养工作提出了更大挑战和更高要求。心理育人作为一种重要的育人途径，其终极目标与人才培养目标是相一致的。要求高校开展心理健康教育工作要站在育人的高度，服务于立德树人的大目标，通过"引导学生正确认识义和利、群和己、成和败、得和失，培育学生自尊自信、理性平和、积极向上的健康心态，促进学生心理健康素质与思想道德素质、科学文化素质协调发展"①。健康的心态、健全的人格是学生成长成才的基础，心理育人作为培养受教育者良好心理品质和塑造健全健康人格的教育活动，着眼于促进学生全面发展，凸显培育时代新人的价值指向，为人才培养工作拓宽了路径。

三、新时代高校心理育人的实践探索

（一）以"三全育人"为组织模式

全员育人强调育人主体多元化。要实现心理育人的终极目标，需要将心理育人与其他九大育人体系深度融合，推动全员育心协同联动。心理健康教师是主体，但绝非唯一主体，高校内部所有人员，包括辅导员、班主任、学业导师、服务保障人员，甚至同辈群体都被赋予育人责任。加之，高校心理育人工作的有效开展还需要家庭、团体、政府、社会的关注与配合，积极推动家校联合、医校联动，加强国民心理健康教育与服务，健全社会心理服务体系。因

---

① 沈贵鹏：《新时代高校心理健康教育的行动取向》，《思想理论教育》，2024年第4期，第95页。

此，各主体需要发挥自身独特优势参与心理育人工作，多方协同发力，共同开展心理育人工作，服务幸福校园、和谐社会、健康中国。

全过程育人实现教育过程的有效衔接。全过程育人就是要统筹各教育环节，实现育人链条的完整与学生成长成才过程的相统一。具体来说表现在两个方面：从宏观上看，要站在人的终生发展视角，科学绘制高质量心理育人蓝图，前置高校心理健康教育起点，后移高校心理服务终点，推动小、中、大学心理健康教育有机衔接、无缝对接，推动个人心理档案建设，跟踪、关注到学生毕业离校，走入社会；从微观上看，要科学把握学生心理发展的不同阶段，实现学生从入校到离校的在校全周期覆盖，根据不同时期、不同年级、不同专业设计特色鲜明、重点突出的高校心理育人方案。全过程育人要遵循规律、延伸链条，确保心理育人过程的完整覆盖。

全方位育人实现教育资源的有效联动。全方位育人就是要统筹心理健康教育工作在方法载体、空间布局，以及资源利用方面的融合性与系统性。心理育人需要运用理论与实践、课内与课外、线上与线下等多个载体方法，充分融入学生的日常生活学习空间，除了传统课堂、心理咨询室、团体辅导室等空间，宿舍、运动场、传媒、网络等都是开展心理育人的重要场域。因而，心理育人要充分融入实践、管理、服务、资助等其他育人体系之中，凝聚育人合力。此外，对于校内文化、环境、队伍等自有资源要有效利用，充分开发；校外家庭、社区、社会等大量资源要有效整合，综合利用。全方位育人突破时空限制，充分运用不同载体，推动各方资源有效联动，为心理育人提供广阔平台。

（二）以"五育并举"为行动取向

要想让学生得到全面发展，就必须从多维度预防和解决心理问题。"五育"涵盖了道德、智力、体育、艺术和劳动等多个领域，能够全面培养学生的各种能力和素养，使其在多方面得到发展，提高整体心理健康水平。以 2023 年 4 月教育部等 17 部门印发的《全面加强和改进新时代学生心理健康工作专项行动计划（2023—2025 年）》为依据，倡导从德智体美劳"五育并举"的高度规划学校心理健康教育工作，以"五育"为载体，通过不同途径和方式，以德育心、以智慧心、以体强心、以美润心、以劳健心，共同促进青年学生的心理健康。

以德育心。德育是培养学生道德品质、思想政治觉悟和良好行为习惯的教育。以德育心，就是要让学生树立正确的世界观、人生观和价值观，具备较高的道德素养。德育在心理健康教育中具有基础性作用，可以帮助学生建立正确的自我认知，形成积极的人生态度，增强面对困难和挫折的勇气。通过德育，学生可以学会尊重他人、关爱他人，形成良好的人际关系，减少孤独感和焦虑感，增强归属感和幸福感，为心理健康奠定基础。

以智慧心。智育旨在培养学生独立思考、创新和解决问题的能力。以智慧心，就是要激发学生的求知欲，培养学生的创新精神。通过智育，学生不仅能够获取知识，还能学会如何学习、如何思考。这种学习和思考的能力有助于学生在面对困难和挑战时，能够冷静分析、理性判断，帮助提高学生的学习兴趣，让学生在探索知识的过程中，锻炼自己的思维能力，培养自主学习能力。同时，智育可以帮助学生形成正确的认知方式，提高对事物的洞察力，从而更好地应对生活中的各种挑战，提升自我认同感，从而保持心理健康。

以体强心。体育教育是提高学生身体素质，增强体质的重要途径。以体强心，就是要让学生在体育锻炼中培养勇敢、坚韧、团结协作的品质。体育教育有助于学生释放压力，调节情绪，形成积极向上的心态，提高抗挫折能力。通过体育锻炼，学生不仅能够增强体质，还能缓解压力、释放情绪。体育活动中的团队协作和竞争能够培养学生的集体意识和竞争意识，这些品质有助于学生更好地融入社会。

以美润心。美育是培养学生审美情趣、艺术素养和道德品质的教育。以美润心，就是要让学生在发现美、欣赏美、创造美的过程中，陶冶情操，净化心灵。通过美育教育，学生可以提高审美能力和艺术修养，同时提高创造力和想象力。美育可以帮助学生在面对困难时找到新的解决方案，缓解心理压力，培养学生的同理心和人文关怀，有助于学生学会如何在生活中发现美、创造美，以乐观的心态面对人生。

以劳健心。劳动教育是培养学生劳动观念、劳动技能和艰苦奋斗精神的教育。以劳健心，就是要让学生在劳动实践中，锻炼自己，成长成才。劳动教育有助于学生树立正确的劳动价值观，培养自主独立的品质。通过劳动，学生可以体会到劳动的艰辛，学会珍惜美好生活，增强心理韧性。这种精神有助于学生在面对生活中的挑战和困难时，能够保持坚韧不拔的意志和乐观向上的心态；同时，帮助学生建立责任感和独立性。这些品质有助于学生更好地应对生活中的各种压力，从而保持心理健康。

（三）以"四位一体"工作格局为重要抓手

以 2017 年 12 月教育部党组印发的《高校思想政治工作质量提升工程实施纲要》和 2018 年 7 月教育部党组印发的《高等学校学生心理健康教育指导纲要》为依据，推动形成以课程教学为基础、实践活动为依托、咨询服务为补充、预防干预为重点的"四位一体"心理健康教育工作格局，积极推进课程建设体系化、实践活动创新化、咨询服务规范化、危机干预系统化。

以课程教学为基础，探索课程体系建设。形式多样的课堂教学是心理育人的主渠道，将心理健康教育课程纳入整体教学计划，对新生开设心理健康教育公共必修课，面向全体学生开设选修和辅修课程已成为高校共识，但当前高校课程实施现状仍存在目标上重补救预防、轻发展促进，内容上重学科专业、轻实际应用、教学模式单一、实施途径简单等问题，严重制约着教学效果的发挥。心理健康教育课不仅仅是一门课程，还是一个集知识传授、心理体验和行为训练为一体的综合性课程体系，今后应积极探索课程体系建设，精心打造"核心课程"＋"发展课程"、必修＋公选的多元课程模式，更好发挥课程教学主渠道作用。课程取向上强调从问题取向朝发展取向转变，注重心理潜能开发与积极幸福体验；课程目标注重知识、意识、技能的层次性安排；课程内容应满足教育对象不同阶段需求，重点关注学习成才、人际交往、人格发展、婚姻恋爱、情绪管理、压力调节、社会适应、生涯规划等具体问题；课程形式灵活多样，推广角色扮演、行为训练、情景演绎、案例分析等课堂教学形式，更好发挥学生的主体性作用，尤其注重智能技术对课堂教学的辅助作用。

以实践活动为依托，方式融通突出特色。课堂教学不是知识获取的唯一方式，真实而丰富的体验对人的心理发展至关重要，实践活动不仅是提升心理育人实效性的重要载体，也是个体认知、情感、思维、意义生成的心理体验过程。当前高校开展心理育人实践活动的形式较为单一，缺乏创新，多局限于常规心理健康知识的普及宣传，覆盖面较小，且同质化严重，缺乏吸引力与感染力。依照载体多元化、活动品牌化、方式融通化的工作思路，安排实践活动学分，用好激励约束机制，打造实践品牌活动，发挥学生社团优势，从课堂实践、校内实践、校外实践三个角度进行实践活动体系设计。课堂实践活动以心理健康知识的普及为依托，注重情境性、互动性、参与性设计；校内实践活动以方式融通为关键，充分激活音乐、绘画、舞蹈、体育、戏剧、小品等其他形式的育心功能，通过美育、体育、劳动教育获得真、善、美的情感体验，疗愈心灵创伤，激发情感共鸣；校外实践活动是家校联系、校社衔接的桥梁，将心理实践活动与学生专业实习实践相结合，通过日常家庭生活中的积极心理训练、亲子互动游戏等方式来提高个体幸福感受，通过专业实习实践提升职业心理素质，进行生涯规划与社会适应。

以咨询服务为补充，突出规范化要求。心理咨询服务是矫治性的心理育人方式，其面向对象是特定学生，也是心理育人工作中对专业水准要求较高的部分，科学、规范化标准对工作质量具有决定性影响。咨询服务规范化要求主要包括工作流程规范化、平台设施规范化、体制机制规范化与从业人员规范化。心理咨询服务工作流程规范化是发现识别、诊断帮助、巩固提高全过程的规范化，每一环节均应严格制定操作细则与规范要求，遵循保密原则与伦理要求，确保咨询服务工作的有效开展；平台设施规范化是指高校心理咨询辅导中心的硬件设施建设要符合行业标准和要求，开展的健康指导与咨询服务要精准施策、因材施教；体制机制规范化就是要实现心理咨询服务工作组织领导重视、工作目标明确、制度规范健全、考核激励科学的目标，使得咨询服务工作运行顺畅；从业人员规范化是工作质量的关键，需严格落实国家相关学历、专业资质的硬性要求，严格遵守行业伦理、法律法规要求，并定期督导人员培训，促进从业人员专业能力提升。

以预防干预为重点，铸牢健康安全防线。近年来因心理危机走向极端化的案例时有发生，心理危机干预是高校心理育人工作的安全防线，不仅事关学生的生命健康，也事关学校安全稳定大局和外在形象。高校在现有"四级"（学校、院系、班级、宿舍）预警防控体系的基础上，还需围绕"预防""干预"两项重点工作形成一套全方位的网络工作系统。首先，加强危机干预知识的普及，危机干预事后控制不如事中控制，事中控制不如事前预警①。常规性的心理保健知识普及、生命教育、挫折教育必不可少，教会师生识别心理危机迹象，开展危机应对教育同样不可或缺。处在危机中的大多数人不会主动寻求帮助，危机干预知识普及越广，防范的可能性就越大，将危机应对融入生命教育、压力管理策略、情绪管理训练、急救知识普及、校园安全稳定教育、新生入学教育都是较好方式。其次，应进一步完善危机处理工作，在预防、预警、畅通转介通道的基础上，需要更加关注危机个体周围相关人员疏导及善后处理工作。心理危机具有弥散性的特点，会对周围相关人员产生一定冲击或影响，造成心理创伤，对他们进行及时干预与疏导，建立跟踪反馈机制非常必要。同时，还应构建良好的支持系统，营造良好校园生态和育人氛围，增强危机学生康复后复学的归属感，共建平安和谐校园。

四、新时代高校心理育人体系的构建策略

新时代高校心理育人体系的构建包含主体、过程、保障、评价四个层面，既根植于"三全育人"的组织模式，以"五育并举"为行动取向，又以"四位

---

① 张葳：《中西融合构建高校心理危机预防的新模式——国外"自杀守门人培训"的启示》，《思想理论教育》，2013年第15期，第72页。

一体"心理健康工作格局为依托，体现协同合作的显著特点。

（一）坚持"全员育人"，构建新时代高校心理育人主体体系

心理育人工作必须发挥主体协同优势，充分挖掘个体自助、朋辈互助、专业帮助与社会支持的各方功能，实现不同育人主体之间的相互协同①。个体自助是内在动力，牢固树立"每个人是自己心理健康第一责任人"意识，尊重学生主体地位，普及心理健康知识，积极自我调适，自我保健。朋辈互助是重要推力，朋辈群体思维模式、空间距离接近，交流交往频繁，具有天然互助优势，推动形成"自助"－"互助"机制，不仅能提升自我心理觉察能力，还可以获得相辅相成的效果。专业帮助是关键力量，高校心理咨询教师、精神卫生专业人员提供的心理咨询与心理治疗服务，充分发挥引导与支持作用，有效帮助解决心理困扰或心理障碍。社会支持是重要保障，心理育人不仅是一个教育问题，更是一个社会问题，与家庭、团体、社会密切相关。科学的教养方式、温馨的家庭氛围、畅通的资助渠道、健全的志愿服务、积极的社会心态都是重要的支撑保障。全员育人是相互关联的有机整体，多元主体齐心协力，协调配合，共同推动心理育人体系的全员覆盖。

（二）坚持"全过程育人"，构建新时代高校心理育人过程体系

心理育人需贯穿学生入校至毕业全过程、学生心理发展全过程，推动心理育人链条的完整与学生成长成才的过程相统一。一是根据学生心理发展不同阶段，有侧重地开展心理健康教育工作，实现教育内容与阶段目标同步匹配。目前众多高校将心理健康教育工作重心集中于大一新生，对于大二及以上年级本科、硕士、博士生阶段则较少作为，人际沟通、婚恋困扰、压力管理、职业生涯规划、社会适应等内容应根据不同年级、学生需求的不同阶段进行同步匹配，除了开设课程之外，依托团体辅导、心理沙龙、工作坊等形式开展更能激发学生参与热情，以需求为导向的内容供给更能提升教育效果。二是建立个体心理档案，推动心理育人链条的完整衔接，科学绘制高质量心理育人蓝图。系统把握个体身心成长发展规律，推动幼儿、小学、中学、大学、社会心理育人工作有机衔接，促进心理健康教育体系、咨询服务体系、矫正追踪体系的联结，进行心理育人全链条科学设计，构建个体、社会、群体心理健康统筹兼顾的新局面，合理解决日常心理冲突、提高群众心理健康水平、培育良好社会

---

① 梅萍：《论新时代高校全员心理育人模式的建构与实施》，《思想理论教育》，2019年第12期，第103页。

心态。

（三）坚持"全方位育人"，构建新时代高校心理育人保障体系

高质量心理育人体系需要盘活校内、校外两种资源，充分运用各类平台载体，畅通对接，确保心理育人效果。一是要加强校内心理育人资源的优化整合，尤其需要关注队伍建设与条件保障。师资队伍力量薄弱已成为制约当前高校心理育人工作的最大短板，严格按照国家规定保证专兼职教师数量是基础要求，尽快定位心理健康教师的职业素质构成，并设定专门培养途径，确立培养方案，定期组织队伍培训、接受专业督导，确保师资力量的持续高质量供给；同时，积极促进与其他育人方式的融合，增加心理健康教育载体；落实专项工作经费，推进平台、场地、基地建设，为构建高质量心理育人体系提供条件保障。二是将心理育人视角向家庭、社区、社会延伸，积极推动家校共育、校社共育。充分运用广播电视、公众号等大众媒体资源，普及心理健康知识、危机干预常识，营造心理育人良好氛围。同时，开办父母学堂，为家庭教育保驾护航；设立社区心理服务站，提供社区心理服务；健全社会心理服务体系和危机干预机制，培育良好社会心态，维护社会和谐稳定，促进社会良性运行。

（四）坚持评价改革为切入点，构建新时代高校心理育人评价体系

质量评价具有导向功能，新时代高校心理育人评价体系的构建应实现个体心理成长发展规律与心理育人工作质量生成规律的统一，重点关注系统设计、过程评价、队伍建设评价等方面，有效提升心理育人效能。

一是要坚持整体性原则，进行科学系统设计。高质量心理育人评价体系的构建必须明确"立德树人"总体目标，立足时代发展特征、中国本土心理文化与教育发展规律，着眼"三全育人"组织模式，以《高校思想政治工作质量提升工程实施纲要》为依据，指标设计至少应包括课程教学评价、实践活动评价、咨询服务评价、预防干预评价、平台保障评价五部分，并需要考虑家庭、学校、社区、政府的协同配合，高度聚焦心理育人工作的完成度和实效性，兼顾工作评价和效果评价相结合。

二是要牢牢把握过程性评价，开展心理育人专项考核。过程性评价是指标体系设计的根本，需要全面统筹心理育人过程中主体、载体、环境等众多育人要素，克服传统评价重结果轻过程的状况，更加关注心理育人目标、内容、方法、机制等，以提升效果，进而实现过程到结果的良性循环。探索设计不同层次、不同育人阶段的评价方式，实现标准灵活与操作规范的统一。此外，还需

明确考核程序与流程，编制详细方案，及时推广典型案例与先进经验，提高影响力。

三是要紧紧抓住队伍建设评价这个关键点，提升育人质量。师资力量不足是制约当前心理育人质量提升的关键因素，因而抓住队伍建设评价就是抓住了质量评价的"牛鼻子"。心理育人队伍构成多元，首先保证校内专兼职教师数量是队伍建设评价的基础，从制度、教师、教材、课时、职称、工作量等层面具体评价，开展组织、协同、实施能力评价，同时，还应关注开展家校联合、社会团体、医校联动中的队伍建设情况，考察工作实绩与育人成效，推动心理育人质量提升。

参考文献

[1] 习近平. 习近平著作选读（第一卷）[M]. 北京：人民出版社，2023.

[2] 吴岩. 中国式现代化与高等教育改革创新发展 [J]. 中国高教研究，2022（11）：21−29.

[3] 俞国良，王浩. 新时代我国心理健康教育的发展方向及其路径 [J]. 中国教育科学，2022（1）：23−31.

[4] 马建青，杨肖. 心理育人的内涵、功能与实施 [J]. 思想理论教育，2018（9）：87−90.

[5] 梅萍. 新时代思想政治教育心理疏导的发展走向探析 [J]. 马克思主义研究，2019（7）：152−159+164.

[6] 俞国良，王浩. 构建新时代心理健康教育新格局 [N]. 中国社会科报，2021−12−09（7）.

[7] 沈贵鹏. 新时代高校心理健康教育的行动取向 [J]. 思想理论教育，2024（4）：95−99.

[8] 张葳. 中西融合构建高校心理危机预防的新模式——国外"自杀守门人培训"的启示 [J]. 思想理论教育，2013（8）：71−75.

[9] 梅萍. 论新时代高校全员心理育人模式的建构与实施 [J]. 思想理论教育，2019（12）：102−106.

数字经济时代应用经济学人才培养模式研究

杨　艳①

（四川大学经济学院，四川成都，610065）

摘要：数字经济对应用经济学学科发展产生了深远的影响，它不仅体现在研究工具和研究方法上，更体现在对经济学理论本身的丰富与拓展上。但当前应用经济学人才培养模式在培养理念、课程体系、教学内容、教学方法以及师资队伍等方面存在不足，急需改进，应根据数字经济时代的需求，调整专业定位，推动教学方法创新，确保教学内容与时俱进，提升教师素质，激发学生创新潜能。

关键词：数字经济；应用经济学；人才培养模式

近年来，数字技术的快速演进对经济社会产生日益深刻的影响，数字经济成为我国实现经济高质量发展与中国式现代化的重要驱动力量。在这个时代，数据成为新的生产要素，信息技术深刻改变着经济社会的运行方式。应用经济学作为研究经济现象和经济问题的学科，在数字经济时代扮演着越来越重要的角色，担负着深入研究数字经济运行规律、推动数字经济与实体经济融合、关注政策创新与治理体系完善以及培养数字经济人才等多重使命。这些使命既是对应用经济学自身发展的要求，也是对社会经济发展的积极回应。四川大学经管与财税系担负着应用经济学学科建设的重任，也是应用经济学人才培养基地。探索适应数字经济时代的应用经济学人才培养模式，对于学科发展和培养具备创新精神、实践能力的高素质经济学人才具有重要意义。

---

①　杨艳（1971—），四川大学经济学院教授、博士生导师，主讲宏观经济学、国民经济管理、宏观经济分析与调控等课程。

一、数字经济对应用经济学学科发展的深刻影响

数字经济对应用经济学学科发展的影响不仅体现在研究工具和方法上，更体现在对经济学理论本身的丰富与拓展上。

第一，数字技术的应用极大地提升了经济学研究的数据获取和处理能力，为应用经济学研究提供了更加丰富的数据资源。在数字经济时代，数据的产生和流通速度之快、规模之大前所未有。大数据、云计算等技术的应用，使得我们可以更加便捷地获取各类经济数据，包括宏观经济数据、行业数据、企业数据以及个人消费数据等。这些数据不仅数量庞大，而且涵盖了经济活动的各个方面，为应用经济学研究提供了前所未有的数据支撑。同时，数据处理技术的进步也使得我们能够更加高效地处理和分析这些数据，提取出有价值的信息，为经济学研究提供更加准确和深入的洞察。

第二，数字经济的快速发展对应用经济学的研究领域提出了新的挑战，拓展了新的空间。传统经济学研究往往关注经济增长、就业、通货膨胀等问题。然而，在数字经济时代，研究微观层面的经济现象和问题变得越来越重要，数字平台企业的兴起对传统产业链和商业模式产生了深刻影响。数字经济成为赋能中国式现代化的新引擎、新动能基本已达成共识。数字经济具有快捷性、高附加性、高渗透性等特点，具有新的生产要素、新型基础设施、新兴产业、新动力等特征，具有提高配置效率和全要素生产率、激励企业内部管理变革和创新等多维效应，具有普惠、协同、溢出、创新、绿色等多重影响，通过释放人口规模红利、促进空间协调发展、承载人与自然和谐共生的绿色发展等方式，赋能中国式现代化顺利推进。这些新领域和新问题为应用经济学研究提供了广阔的空间和机遇，也要求我们不断更新知识和拓展研究视野。

第三，数字经济对应用经济学的研究方法提出了新的要求。在数字经济时代，传统的计量经济学方法已经无法满足复杂多变的经济现象的分析需求。我们需要运用更加先进的技术手段和方法进行经济分析。例如，机器学习、深度学习等人工智能技术的应用可以帮助我们更好地处理和分析海量数据，网络分析、文本挖掘等方法可以帮助我们更加深入地挖掘数据背后的信息，动态随机一般均衡模型等复杂模型可以帮助我们更加准确地模拟和预测经济系统的运行。这些新方法的应用不仅提升了应用经济学研究的精度和深度，也推动了经济学的学科交叉和融合。

第四，数字经济对应用经济学的理论创新也产生了积极影响。在数字经济时代，传统的经济学理论面临着新的挑战和质疑。例如，传统的供需理论在数

字平台经济中可能不再适用；数字货币的出现给货币政策和金融市场带来了新的挑战；数据要素作为一种新型生产要素，具有不同于传统要素的边际收益递增、边际成本递减的特性，当其与传统生产要素融合时，能发挥其放大、叠加、倍增的乘数效应，创造更大的价值。这些挑战促使我们重新思考和审视传统经济学理论的有效性和适用性，同时也为我们提供了新的理论创新机会。我们需要在新的经济环境下重新构建和完善经济学理论体系，以更好地解释和预测经济现象和问题。

二、应用经济学人才培养模式的现状分析

四川大学应用经济学学科近年来不断发展壮大，为培养高素质的应用经济学人才、推动地方经济发展做出了积极贡献。在数字经济时代，应用经济学学科应积极响应时代需求，不断更新教学内容，引进前沿知识。与这个要求相比，当前我们在培养理念、课程体系、教学内容、教学方法以及师资队伍等方面存在一些不足。

（一）培养理念滞后

在数字经济迅猛发展的背景下，应用经济学人才的培养理念需要与时俱进。过去我们往往侧重于理论知识的传授和学术研究能力的培养，缺乏对实践能力和创新精神的足够重视。数字经济时代需要的人才不再局限于具备单一领域的知识和技能，而是需要具备跨界融合的能力，能够综合运用多个学科的知识来解决实际问题；数字经济时代是一个充满创新和变革的时代，培养人才时应注重激发学生的创新思维和实践能力，培养学生的终身学习意识和自我更新能力；应注重培养学生的数据意识和数字化技能，使他们能够熟练掌握数据处理、分析和应用的能力。然而，当前的培养理念并未充分适应这一变化。许多高校和应用经济学教育机构仍停留在传统的教育模式和框架内，导致许多应用经济学学生在毕业后难以适应数字经济时代的需求。

（二）课程体系滞后

一是课程体系中缺乏与数字经济紧密相关的内容。传统的应用经济学课程缺乏对新兴领域如大数据经济学、数字金融、人工智能、数字化治理等领域的深入探讨。现实中数据分析、人工智能、云计算等技术手段和应用场景日新月异，而现有的教学内容却鲜有涉及，教材更新缓慢，导致学生难以接触到最新的知识和技术，难以适应数字经济时代的发展需求。

二是课程体系缺乏足够的跨学科融合。数字经济是一个涉及计算机科学、

数据科学、管理学等多个学科的综合性领域，需要跨学科的知识和方法来支撑。然而，现有的应用经济学课程体系往往过于单一，缺乏与其他学科的交叉融合，导致学生难以形成综合性的知识结构和能力体系。这种课程体系上的局限性，限制了学生在数字经济时代的职业发展潜力。

三是课程体系缺乏实践性和创新性。数字经济时代需要经济学人才具备实际操作能力和创新思维，而现有的应用经济学课程体系往往过于注重理论知识的传授，缺乏足够的实践环节和创新教育内容。这导致学生难以将所学知识应用于实际问题的解决中，也无法培养出具有创新精神和创业能力的人才。

（三）教学内容和方法落后

数字经济时代的教学方法和技术手段展现出了许多鲜明的特点：第一，教学方法和技术手段具有高度的互动性和参与性，教师可以利用在线平台、虚拟教室等工具，实现与学生的实时互动和反馈，学生也可以积极参与讨论、分享观点和提交作业，从而增强学习的主动性和积极性。第二，个性化教学成为可能，通过大数据和人工智能技术，教师可以分析学生的学习行为和习惯，了解他们的学习需求和困难，从而为他们提供个性化的教学方案和资源。第三，数字化教学资源还可以实现资源的共享和重复使用，提高教学资源的利用效率。随着技术的不断发展和更新，新的教学方法和手段不断涌现，如虚拟现实、增强现实、人工智能辅助教学等。这些新的教学方法和技术手段为教学带来了更多的可能性和创新空间。而我们的教学方法还较多地停留于传统的教学方法，往往缺乏足够的创新，无法有效激发学生的学习兴趣和积极性，导致教学效果不佳。

（四）师资队伍不足

数字经济涉及大数据、人工智能、云计算等前沿技术，要求教师具备扎实的理论基础和实际操作能力。然而，目前我们应用经济学专业的教师主要为经济学背景，缺乏其他相关学科的学习经历和经验，对新兴技术和应用并不熟悉，这导致教师在教学过程中难以将数字经济与经济学理论相结合，难以提供有效的指导和支持。

师资队伍的数量也不足。随着数字经济时代的到来，应用经济学专业的人才需求量不断增加，但与之相应的教师资源却并未得到及时补充。这导致师资配备不足，难以满足教学需求，影响了教学质量和人才培养效果。

三、数字经济时代应用经济学人才培养模式的创新

（一）教学理念的创新是根本

在数字经济时代，我们需要转变教学理念，以创新能力培养为核心，注重理论与实践相结合。培养人才的理念应注重跨界融合、创新思维、数据驱动、终身学习和国际视野等方面。我们应该鼓励学生自主学习、创新思考，敢于挑战传统观念，勇于提出新的想法和解决方案。这种创新的教学理念能够激发学生的创造力和创新精神，使他们在面对复杂多变的数字经济环境时能够迅速适应并脱颖而出。

（二）教材体系的创新是基础

我们需要构建与数字经济时代相适应的教材体系。这不仅要及时更新教材内容，引入最新的经济学理论和研究成果，还要增加与数字经济相关的案例和实践内容。通过案例分析，学生可以深入了解数字经济时代的商业模式、市场结构和竞争态势，从而培养他们的创新思维和解决问题的能力。同时，实践内容的增加可以让学生在实际操作中学习和成长，锻炼他们的创新精神和实际操作能力。

（三）教学内容的创新是关键

在数字经济时代，应用经济学的教学内容需要更加注重前沿性和实践性。除了传统的经济学理论外，还应增加大数据分析、人工智能、数据挖掘等前沿技术的应用内容。通过学习这些前沿技术，学生可以更好地理解数字经济时代的经济现象和问题，并运用所学知识进行创新和探索。此外，与企业合作开展实践项目也是教学内容创新的重要途径。通过参与实践项目，学生可以深入了解企业的实际运营情况，将所学知识应用于实际问题中，从而提升创新能力和实际操作能力。

（四）师资培养是保障

我们需要培养具有数字经济背景和实际应用经验的教师，提升教师的数字素养和技能。定期组织培训、研讨会和实践活动，帮助教师掌握数字经济领域的前沿知识和技术；鼓励教师跨学科合作与交流，促进不同学科之间的融合与创新；通过产学研合作，教师可以深入了解产业数字化和数字产业化发展趋势；积极引进具有丰富经验和先进理念的优秀教师和研究人员，为师资队伍注入新的活力。只有建设高水平的师资队伍，才能为学生提供有效的指导和支持，引导学生关注数字经济领域的前沿问题。

（五）培养学生的创新精神是目标

创新精神是数字经济时代应用经济学人才必备的核心素养之一。积极鼓励学生参与科研项目和实践活动，让他们在实践中发现问题、解决问题，锻炼创新思维和实际操作能力；开展创新创业教育和实践活动，引导学生了解创新创业的基本知识和方法。同时要注重培养学生的跨学科思维，鼓励他们将经济学与数学、统计学、计算机等学科交叉融合；要营造开放包容的创新氛围，鼓励学生敢于表达自己的想法和观点，尊重他人的创新成果。

四、改革措施

（一）明确人才培养目标，调整专业定位

在数字化迅猛发展的今天，中国式现代化被赋予更多、更宽泛的数字经济内涵，发展新质生产力产生了对应用经济学高端人才的大量需求。四川大学以国民经济学、区域经济学、财政学、金融学、产业经济学为核心的应用经济学学科，正是为国家战略实施提供智力支持和培养高水平人才的主阵地。学院根据数字经济时代的需求，调整专业定位，通过数字技术融合、跨学科交叉融合、数字化治理问题研究、新兴经济现象研究以及创新能力培养等方面的努力，为数字经济赋能高质量发展输出有创造性的"川大人才"。

（二）更新教学理念，推动教学方法创新

学院应更新教学理念，从传统的知识传授转变为能力培养。在教学过程中，注重理论与实践相结合，鼓励学生自主学习、创新思考。同时，推动教学方法的创新，采用案例教学、项目教学等多样化的教学方式，激发学生的学习兴趣和积极性。

（三）优化课程体系，确保教学内容与时俱进

优化应用经济学专业的课程体系，增加与数字经济相关的前沿课程。例如，可以开设大数据分析、人工智能经济学、数字经济政策等课程，帮助学生掌握数字经济领域的基本知识和技能。同时，注重跨学科课程的设置，鼓励学生选修计算机科学、数据科学等相关课程，拓宽知识视野。

组织教师编写与数字经济时代相适应的应用经济学教材。教材应涵盖最新的经济学理论和研究成果，引入数字经济领域的案例和实践内容。同时，鼓励教师根据教学需要自编讲义或课件，确保教学内容的时效性和实用性。

（四）强化师资队伍建设，提升教师素质

学院应重视师资队伍的建设，引进具有数字经济背景和实际应用经验的优

秀人才。同时，加强现有教师的培训和进修，提升他们的专业素养和实践能力。鼓励教师参与企业实践、开展科研项目，增加他们的实践经验和提升他们的创新能力。此外，建立激励机制，对在人才培养、教学改革等方面表现突出的教师进行表彰和奖励。

（五）营造良好的创新氛围，激发学生的创新潜能

营造开放包容、鼓励创新的氛围，为学生提供良好的创新环境。支持学生的创新创业项目；举办创新创业大赛或论坛，为学生提供展示和交流的平台；建立导师制度，为学生提供个性化的指导和帮助；开展模拟实验、案例分析等活动，培养学生的创新意识和实践能力。

增加实践教学的比重，与企业合作建立实践基地，为学生提供更多的实践机会；加强与企业和行业的合作，了解产业需求和发展趋势，为人才培养提供有力的支撑；推动产学研深度融合。

（六）加强国际交流与合作，拓宽人才培养视野

数字经济本身具有高度的全球性和互联性，数字经济时代需要具有全球视野和跨文化交流能力的人才来支撑发展。加强国际交流是培养国际化人才的重要途径。加强与国外高水平大学和研究机构的交流合作，开展师生互访，鼓励师生参加国际学术会议和竞赛，引进国际先进的教育理念和教学资源，拓宽师生的国际视野和学术交流渠道。

参考文献

[1] 杨宗凯. 高等教育数字化转型的路径探析 [J]. 中国高教研究，2023（3）：1—4.

[2] 任少波. 以数字化改革推进高等教育高质量发展 [J]. 中国高等教育，2023（2）：47—51.

[3] 任保平. 以产业数字化和数字产业化协同发展推进新型工业化 [J]. 改革，2023（11）：28—37.

[4] 蔡继明，刘媛，高宏，等. 数据要素参与价值创造的途径——基于广义价值论的一般均衡分析 [J]. 管理世界，2022，38（7）：108—121.

[5] 徐晓飞，张策. 我国高等教育数字化改革的要素与途径 [J]. 中国高教研究，2022（7）：31—35.

新时代财政学学科定位发展及其
对教学研究的新要求

王文甫[①]

（四川大学经济学院，四川成都，610065）

摘要：党的十八届三中全会做出了"财政是国家治理的基础和重要支柱"[②] 这一重要论断，标志着财政成为国家治理体系中的重要组成部分。与之相伴随的是，学界对财政学学科属性的认识，以及高等院校财政学专业教学理念、方式、方法也应及时做出调整和革新。本文梳理了近年来学界关于财政学学科属性定位的研究观点，分析新时代财政学中西融合互鉴的必要性和内在逻辑，认为财政学具有鲜明的历史性、实践性特征，必须将经典理论、现代研究方法和本国具体实际结合起来。在此基础上，本文举例探讨了财政学学科新发展特征对教学研究的新要求，并从三方面提出了教学改革构想。

关键词：新时代；财政学；学科；定位；教学

一、财政学的学科属性与定位变化

党的十八届三中全会作出了"财政是国家治理的基础和重要支柱，科学的财税体制是优化资源配置、维护市场统一、促进社会公平、实现国家长治久安的制度保障"[③] 这一重要论断，标志着财政与财税体制已经同国家治理紧密对接，成为国家治理体系中的一个重要组成部分。上述论断在经济学界特别是财政学界引起了强烈反响，引发了关于财政学的学科属性与定位的讨论。

---

① 王文甫（1970—），四川大学经济学院教授，博士生导师。
② 《中共中央关于全面深化改革若干重大问题的决定》，人民出版社，2013 年，第 19 页。
③ 《中共中央关于全面深化改革若干重大问题的决定》，人民出版社，2013 年，第 19 页。

在以往的学科体系当中，财政学隶属于应用经济学的一级学科，长期以来这种分类方式被普遍接受。但随着财政在国民经济中的地位和作用被提升到了一个新的高度，学界开始基于财政学的本源以及财政在中国独特情景下的发展与演进这两个角度重新思考财政学的学科定位。高培勇（2014）认为，中国的财税体制实质上是一种可以牵动经济、政治、文化、社会、生态文明和党的建设等所有领域的综合性制度安排，已经突破了单一的经济范畴。刘尚希（2014）提出了相似的观点，认为财政的职能作用不只是反映在经济方面，而是体现在包括经济、社会和政治等各个方面。陈共（2015）指出，财政自诞生之日起就是一个二元的概念，同时包含了经济和政治元素，因此财政学不可能是一个孤立的学科，而应该同管理学、法学、社会学等学科密切交叉。安体富（2016）则通过列举亚当·斯密、约翰·穆勒、凯恩斯、斯蒂格利茨等人的经典经济学著作观点，并结合马斯格雷夫的《美国财政理论与实践》、罗森的《财政学》以及我国陈共主编的《财政学》等被广泛使用的财政学教科书指出，虽然财政学研究财政政策与财政制度，但并不能以此否定财政学的经济学科属性，同时也应充分重视财政学与诸多领域的学科交叉特性。刘晓路和郭庆旺（2016）基于学术研究的角度提出，财政学研究应不限于经济学范式，而要更多引入政治学和社会学的内容与方法。齐守印（2018）通过探讨财政学在经济学和政治学之间的交叉性指出，中国特色财政理论体系或财政学，就是从经济与政治双重视角，以综合研究中国公共财务活动为主，分析其特殊矛盾，揭示其本质联系和运动规律，以服务于现代中国国家治理的独立社会科学。雷根强和刘晔（2018）基于财政内在的三重属性、财政学科的发展历史，进一步提出将财政学设置为一级学科的建议，并阐述了一级学科构建原则和实施构想。

综合现有专家学者的观点，无论是从财政学的学科形成与发展角度讲，还是从财政本身的职能范围讲，财政学在学科定位上已经超出了应用经济学的范畴，即便是最保守的观点也认可财政学具有明显的多学科交叉融合属性。事实上，作为"财"与"政"的结合，财政本身就具备鲜明的政治内涵。官房学时代的财政学十分重视国家的作用，奠定了财政学的政治学基础（刘晓路和郭庆旺，2016）。按照马克思的劳动价值论的观点，国家不参与直接生产过程，但是为了履行国家职能，需要依托政治权力强制参与国民收入分配的过程之中，这一活动本身就带有强烈的政治性质，政府财政决策和执行过程本身就是政治过程，因此财政是国家政治的物质基础，同时一国的财政制度也内嵌于本国的政治制度（雷根强和刘晔，2018）。尽管在近现代由英美财政学者为主导的学说将财政学"经济学化"，并形成现代"主流财政理论"（李俊生，2014），但即使在西方经济学体系下，财政学也具有多项主流分支以及丰富的学说内涵（傅志华和陈龙，2018）：亚当·斯密从经济层面研究财政问题，后经潘塔莱奥尼、马尔科、林达尔、萨缪尔森、马斯格雷夫、蒂布特等发展，形成了以公共产品理论为核心的财政理论；瑞典学派的威克塞尔等学者从政治层面研究财政问题，后经布坎南等人的发展，形成了财政政治理论；葛德雪、熊彼特和帕累托等学者则从社会层面研究财政问题，形成了社会财政理论。

由此可见，即使置于西方经济学的体系之下，财政学也因其多维的理论分支以及丰富的学说内涵而具有鲜明的多学科综合性特征。与此同时，基于财政同时具备的经济属性和政治属性，财政学应当是一门本土化特色非常鲜明的学科：一方面，财政学同一般的应用经济学学科一样发掘和揭示经济主体运行的普遍规律；另一方面，在不同的政治经济体制下，甚至在统一体制的不同发展阶段，财政学所面临的研究土壤、研究对象以及研究任务都可能具有明显的差异，因此必须做到同具体的政治经济体制以及发展阶段相结合。而在中国情境下，特别是在财政被赋予了"国家治理的基础和重要支柱"的重要使命之后，财政学的学科定位与发展必然更加强调将经济学的一般理论、一般规律、一般研究方法同本国的具体实际相结合。

二、新时代财政学的中西融合互鉴

新时代财政的职能定位被提升至前所未有的新高度，同时也对中国财政学发展与中国财政学科体系、学术体系、话语体系的构建与完善提出迫切要求。在新的职能定位下，财政学的学科体系和研究内容也应随之转变，财政学的学科体系、内容以及研究方法的变化都应当反映东西方文明互鉴与学科交叉趋势，但财政学对财政本质性内容的探索不应改变，即探究财政制度、财政理论以及财政政策三方面核心问题。西方经济学主流的数理模型、数学方法的应用也应以解决社会实际需求和推动学术繁荣为目标（李利华，2022）。因此财政学的教学应着力思考如何运用西方的学科知识和数理方法阐释现实问题。

在中国这样一个处于发展和转型过程中的大国，财政体制的构建与发展必然需要考虑既有经济学理论、大国发展实践和传统文化之间的关系，这组关系的处理将同时关系到高质量发展以及人类命运共同体的构建方案。新时代中国财政学的发展固然需要充分吸收财政学经典理论以及当代财政学发展中的优秀成果，但与此同时，由于财政这一特殊经济现象具有强烈的阶级和历史属性，因此财政学不应是一门纯粹的理论学科，它既包含理论指导又包括财政治理的实践内容，财政学科建设既要在马克思主义指导下建立完善的财政理论体系，又要对财政治理实践提供理论指导（王艺明，2021）。中国特色社会主义包含了"以经济建设为中心""巩固和发展公有制经济""市场在资源配置中起决定性作用"等方面的内容，因此新时代中国特色社会主义财政理论也应包含这三方面内容（郭庆旺，2017）。"以经济建设为中心"决定了中国特色社会主义财政理论和西方财政理论存在的区别，在西方经济学框架下，财政的主要目标是实现资源优化配置、分配公平及经济稳定发展，而在"以经济建设为中心"的原则下，则要求通过财税制度、机制和政策设计予以协调，切实实现效率与公平的统一，切实在有效推动发展的基础上更充分地体现"共同富裕"的发展要义（王艺明，2018）。"巩固和发展公有制经济"的原则决定了中国特色财政学不仅需要探讨财政征收一部分国民收入用于提供公共品或公共服务以满足公共需要的行为，还需要探讨国有资本运营与国有资本做强做优做大的内容。根据西方福利经济学第一定律，在完全竞争且不存在外部性的市场条件下，通过市场机制的自发调节作用可以实现资源优化配置；而中国特色社会主义市场经济中"市场在资源配置中起决定性作用"的原则表明，政府的职能作用主要是弥补市场失灵、提供公共物品、满足公共需要，同时政府必须制定符合市场经济要求的现代财税制度，推动国家治理体系和治理能力现代化（陈共，2015）。由此可见，中国特色财政学基于中国特色社会主义市场经济的本质要求，一方面遵循财政学的一般经典理论和原则，另一方面也对其形成了补充。

财政学与其他应用经济学学科的不同之处在于财政体制和一国的政治体制密切相关，可以视为政治与经济的结合，从这一角度讲，财政学同时也是政治经济学的一个分支（王艺明，2021）。2016年7月8日，习近平总书记在经济形势专家座谈会上指出："坚持和发展中国特色社会主义政治经济学，要以马克思主义政治经济学为指导，总结和提炼我国改革开放和社会主义现代化建设的伟大实践经验，同时借鉴西方经济学的有益成分。"①财政基础理论创新不是否定和取代传统财政理论，而是要勇于跳出传统的思维框架，在不排斥借鉴国外理论和实践经验的同时，充分体现"两个结合"，立足中国实际、结合中华传统文化，在总结规律性认识的基础上不断发展和完善中国特色财政学。只有将财政学经典理论、主流方法与我国的经济发展实际充分结合起来，做到立足中国、借鉴国外，挖掘历史、把握当代，揭示社会主义市场经济条件下财政运行的新特点和新规律，特别是新时代中国特色财政体制的特点，才能实现具

---

① 中共中央文献研究室：《习近平关于社会主义制度经济建设论述摘编》，中央文献出版社，2017年，第331页。

有时代特征的中国特色社会主义财政学理论创新。

三、财政学新发展特征对财政学教学的新要求

由于财政学具有鲜明的多学科交叉特征以及强烈的阶级和历史属性，如果脱离了现实的情境，财政学的教学与科研很可能出现理论无法解释现实、现实难以印证理论的问题，这将不利于具有中国特色的财政学学科发展以及财政税收人才培养。以下三个教学研究中的例子能够在一定程度上反映上述问题。

第一，蒂布特"用脚投票"理论（Tiebout，1956）是公共产品理论中最为重要的组成部分。20 世纪 50 年代中期，随着第二次世界大战的结束以及国民经济和社会秩序的逐步恢复，联邦政府支出在整个国家财政支出中的占比相对减少，地方政府支出占比则相对增加，这对于提高地方支出效率提出了更高的要求。蒂布特认为，对中央政府和地方政府提供公共产品研究视角存在明显的不同，在中央政府的层面，居民的偏好是给定的，中央政府根据给定的偏好调整支出；而在地方层面，不同的地方政府在收入、支出模式上各不相同，理论上如果社区的数量无限多，消费者就趋近于能够完全实现其自身偏好。在满足居民完全自由流动、社区存在最有规模等 7 个前提假设的条件下，人口流动实际上是居民对不同地区税负及公共服务组合选择的结果。随后，上述理论被越来越多西方的经验研究所证实（Oates，1969；Bayoh，2010；Dahlberg，2012）。"用脚投票"理论固然揭示了人口迁移条件下公共产品供需匹配的一般规律，但其形成也具有较为特殊的现实背景。在中国的户籍制度以及财政分权模式下，虽然我们也能够观察到人口为优质公共服务而迁移的现象，但人口迁移是否最终导致了基层地方政府在公共品供给领域的逐优竞争以及公共品供给需求的最优匹配，这在国内学界一直存在争议（乔宝云等，2005）。从现实中也不难观察到，随着人口的大规模迁移，流动人口与原有的户籍人口之间在基本公共服务上时常会出现一些竞争，比如在大城市，流动人口子女接受公共教育会面临比本地人群更高的入学门槛，而一些本地户籍的家长则反对学校大量引入流动人口子女，因为他们担心有限的教育资源和升学机会会被摊薄（尽管城市的教育体系大量引入流动人口子女究竟会导致教育公共品的拥挤效应还是集聚和规模效应，这在学界仍存在较大的争议）。事实上，"用脚投票"机制并不是放之四海而皆准的。在介绍这一理论的同时，我们还应通过对比该理论的 7 个前提假设与各国实际现实的不同，探讨这种机制在不同的环境下会产生怎样的结果；通过介绍中国的人口流动特征和财政分权模式，与学生共同探讨在任何优化我国的基本公共服务事权及支出责任，使其能够更加充分地适应人口

大规模流动。

第二，近年来，在公共经济学，特别是公共产品理论分支的研究分析框架、研究方法以及观测视角等方面出现了一些新的趋势或特征，出现了一批以近代城市和区域经济学（包括新经济地理学）作为分析框架，以结构模型作为方法的研究。其中最具代表性的是 Diamond（2016）通过构建包含商品、资本、劳动力和住房市场的空间均衡模型研究城市便利设施（amenity）对不同技能水平劳动力居住地选择的影响，发现美国高技能和低技能劳动力居住地在1980—2000 年出现明显分化，且二者聚集区的公共产品供给水平差异日益扩大。她构建的空间均衡模型被很多国家的研究者采用，并应用本国数据验证模型的研究假说，进而得到了与 Diamond（2016）几乎完全相同的结论。在其模型中，劳动力流动不存在任何制度性约束，这与中国户籍制度下的劳动力流动现实明显不符；同样在其模型中，住房市场均衡的一个重要假定是房屋租金等于房产的时间价值，即房产等额货币能够获得的利息。但在中国，由于租房与购房不能享有同等的地方公共服务权益，即所谓"租购不同权"，因此几乎任何一套出租住房的租金都低于房产对应的货币时间价值。如果直接照搬 Diamond 的分析框架来研究中国的地方性公共品供给与劳动力集聚之间的关系，则可能得出一些似是而非甚至令人啼笑皆非的结论。此外，还有一个细节在一定程度上反映了目前中、西方学界在公共品领域理解或概念上的差异：在Diamond（2016）论文以及西方学者借鉴其空间均衡模型所做的研究当中，教育、医疗、交通基础设施、自然环境等被统称为 amenity，其直译应为"便利性"。这个概念同时包括了纯公共品、准公共品、公共基础设施等多个含义，而且"便利性"侧重于描述需求端实际消费公共产品的结果或体验。而国内学界目前较多使用的是"公共服务"或者"公共产品"这样的表述，上述概念偏重于从供给端的角度进行描述。显然，在教学中不应忽视这种观察角度上的差异。

第三，刘易斯转折点是西方发展经济学最重要的理论之一，但它与财政学的教学研究同样具有紧密的关联。按照其理论假设，在刘易斯转折点之前，一个国家可以依靠劳动力近乎无限的供给来延缓资本的边际报酬递减，从而形成了推动经济增长的独特引擎，也就是所谓的"人口红利"；而一旦越过了刘易斯转折点，则意味着城乡之间的剩余劳动力已转移殆尽，原有的二元经济将转换为一个匀质的整体。一般认为，刘易斯转折点在到来时会出现两个标志性特征：一是普通工人持续短缺，二是普通工人工资持续上升。早在 21 世纪初，我国发达地区的劳动力市场就出现了上述两个标志性特征。但是由于没有考虑到二元劳动力流动中不同层面上的城乡分割，仅仅以进城务工者工资上升得出"刘易斯拐点"到来的说法在实践上是有害的（陆铭等，2011）。事实上，如果能够通过户籍制度改革以及财政事权支出责任的调整逐步消除基本公共服务领域的二元分割，我国劳动力的跨地区配置仍然存在很大的改善空间，这在人口持续老龄化、少子化的背景下具有意义。因此，如何改革现有的财政分权模式，从而推动基本公共服务在户籍意义上的均等化，这无论是在学术研究领域还是在实践领域都是一个非常重要的命题。如果我们忽略了刘易斯转折点理论在不同情境下的实用性，则将会忽视这样一个重要命题。

从上述三个例子可以看出，西方经典理论、模型往往具有其形成的背景和土壤，因此这些理论、模型在揭示一般规律的同时，在不同的经济社会情境下还可能呈现出差异性。如果在教学中忽视了具体的现实背景与理论假设之间的差异，仅向学生阐述经典理论的假设条件和结果，显然会令学生对理论和现实的关系产生较大的困惑。如果书本理论预期的结果与现实中的观察和感受存在很明显的不同，甚至可能使一部分学生进入"读书无用论"的思维误区，从而不可能做到理论联系现实、指导实践。

事实上，作为一门致用之学，在财政学作为西方经济学的一部分而被引进中国之初，就表现出了"中体西用"的特征。财政学在中国最早的"西学东渐"可以追溯到近代维新运动时期，一般认为，1776 年英国人亚当·斯密《国富论》的出版标志着财政学的诞生，1902 年严复翻译了财政学的发轫之作——亚当·斯密的《国富论》（译名《原富》），并在翻译中引入了大量基于中国历史背景、文化的注释。译注《原富》的出版也被视为财政学作为一门学科被引入中国的重要标志。财政学在教学中的中国化则可以追溯到 20 世纪 20 年代，南开大学率先提出"以实现经济学中国化为目标的教学改革"，放弃直接使用译著的原版经济学教材，转而结合中国当时的发展背景编写"土货化"教材，由何廉、李锐主编的《财政学》是其中最具代表性的一项。马寅初在编写《财政学与中国财政——理论与现实》（1948 年）过程中明确提出：西方理论不以中国现实为对象，可视为纯粹理论，是一种训练思想的宝贵工具，也提供了研究方法，因此他主张财政学的教学和研究应当将"纯粹理论"与中国的具体现实情况结合，由此提炼出一种"经验理论"。千家驹在编撰《新财政学论纲》（1949 年）时强调，财政学的教育要全面引入马克思主义阶级分析方法，但同时也需要"批判地借鉴"、综合地运用西方财政学的理论体系和技术方法。

财政学学科的生命力在于能够对现实财政问题进行规范的、有深度的研究，并给出解决方案，中国财政学也会因此得到真正的发展（杨志勇，2017）。基于此，新时代财政学的学科建设以及教学需要重视将经济学理论揭示的一般规律同我国的具体实际相结合，立足现实去理解理论、分析问题，充分运用经济学的研究方法和研究范式讲好中国故事。

四、新时代财政学教学改革创新构想

新时代财政职能地位的提升、学科属性的演变、学科发展方向的革新都要求财政学教学在原有的经验基础上加快改革，面对"Z世代"学生群体的一系列新特征，财政学教学理念、教学方式也必须做出新的创新。要在科研中将论文写在祖国的大地上，在课堂中讲好中国故事。一方面，充分理解阐释经典理论，加强对现代经济学研究方法的掌握；另一方面，必须做到理论联系现实、现实上升到理论，立足我国国情，揭示社会主义市场经济条件下财政运行的新特点和新规律，特别是新时代中国特色财政体制的特点，以习近平新时代中国特色社会主义思想为指导，坚持守正创新，努力将改革开放以来的财政改革实践总结和提升为系统化的财政理论，实现具有时代特征的中国特色社会主义财政学创新。具体而言，本文提出如下三方面构想。

第一，针对"Z世代"学生的特征，增加对新中国财政体制演进历程的教学。"Z世代"这一称谓的含义是指出生于1995年到2009年的群体，其出生与成长过程与互联网信息时代无缝对接，受数字信息技术、即时通信设备、智能手机产品等影响比较大，因此这一群体具有很强的知识接收能力。但与此同时，由于这一群体出生和成长所面临的经济社会发展阶段与之前出生的人群之间存在明显差异，难免在知识结构、认识观念等方面存在较大的"代沟"。在2023年的一次教学改革研讨会上，某高校财税学科负责人曾指出其在教学中发现，一些在我国曾经存在并产生过重要影响的制度，如"离休制度""粮油迁徙证制度"等，在教师群体看来是理所应当的常识性概念，但目前的学生群体对此非常陌生。因此，新时代财政学教学在理论和方法的讲解基础上，应进一步加强对新中国成立以来，特别是改革开放以来财税制度构建和改革历程的梳理和讲解，可以考虑增设专门针对中国财税体制发展演进的章节和课时，让学生更好地理解我国目前的财税体制、制度是如何发展演进而来的，引导学生站在历史的高度，从更加长远的视角理解财税制度以及财政学理论的发展。

第二，依托"新文科"建设，增强财税学科通识教育。通识教育的思想在世界知名大学源远流长，被引入中国后出现了很多本土化的发展。由于财政的职能定位大幅上升并且财政学多学科交叉的特征愈发显著，仅以专业课程教育为主的课程设置已不能满足新的时代需求。财政学教学必须进一步重视通识教育。当前，我国通识教育面临绩点模式设置不合理、在时间上与专业教育冲突、班额过大等问题。财政学专业课程应主动加强与通识教育的对接，从课程安排、学分设置等制度性安排上增强与通识教育的联动性。综合性大学要充分发挥专业多样的优势，大胆尝试跨学科交叉型课程。全球化时代的新视角，一方面来自人文领域跨文化、跨语际的频繁交流，另一方面也受到技术革命跨学科、跨行业飞速发展的影响。因此新时代财政学教学需要大力拓展大数据、人工智能等领域的交叉学科通识教育，如数字财税、数字技术赋能预算监督等，培养能够适应和引领治理能力现代化的新型财税人才。

第三，进一步加大实践教学中财政学教学中的比重。如前文所述，财政学本身具有明显的时代性、实践性特征，而财政学教学的主要目标是为新时代培养能够适应和引领治理能力现代化的新型财税人才。因此，财政学教学需要走出课堂，积极观察乃至投身中国式现代化特别是财税体制现代化的实践。如引导学生实地参观学习现代预算监督的发展与创新、带领学生通过实地调研了解基层财政运行状况等。大幅提高实践教学中财政学教学的比重，让学生切实体会到财政学理论联系实际以及立足国情实现本土化创新发展的重要性。

参考文献

[1] 安体富. 关于财政学的学科属性与定位问题 [J]. 财贸经济，2016（12）：17－27.

[2] 陈共. 财政学对象的重新思考 [J]. 财政研究，2015（4）：2－5.

[3] 傅志华，陈龙. 财政本质的"多重性"与集中体现——兼论财政学的学科属性 [J]. 财政研究，2018（8）：11－19+49.

[4] 高培勇. 论国家治理现代化框架下的财政基础理论建设 [J]. 中国社会科学，2014（12）：102－122+207.

[5] 郭庆旺. 以习近平新时代中国特色社会主义思想指导新时代中国财政理论创新和财政制度建设 [J]. 财政科学，2017（11）：22－23.

[6] 雷根强，刘晔. 基于服务国家治理现实需求的财政学科属性研究——兼谈对财政学一级学科设置的建议 [J]. 公共财政研究，2018（6）：4－19.

[7] 李俊生. 盎格鲁—撒克逊学派财政理论的破产与科学财政理论的重建——反思当代"主流"财政理论 [J]. 经济学动态，2014（4）：117－130.

[8] 李利华. 中国财政学的创新发展及若干重要问题——"新时代中国财政学发展研讨会暨《财政科学》专题沙龙第 16 期"会议综述 [J]. 财政科学，2022（10）：155－159.

[9] 刘尚希. 基于国家治理的财政改革新思维 [J]. 地方财政研究，2014
  (1)：4—5+27.

[10] 刘晓路，郭庆旺. 财政学300年：基于国家治理视角的分析 [J]. 财贸
  经济，2016 (3)：5—13.

[11] 陆铭，向宽虎，陈钊. 中国的城市化和城市体系调整：基于文献的评
  论 [J]. 世界经济，2011，34 (6)：3—25.

[12] 齐守印. 中国特色财政学部分基础理论问题辨析 [J]. 财政研究，2018
  (8)：29—39.

[13] 乔宝云，范剑勇，冯兴元. 中国的财政分权与小学义务教育 [J]. 中国社
  会科学，2005 (6)：37—46+206.

[14] 王艺明. 构建以马克思主义为基础的新时代中国特色社会主义财政理
  论 [J]. 财政研究，2018 (11)：28—32.

[15] 王艺明. 构建以马克思主义为基础的新时代中国特色社会主义财政
  学 [J]. 学习与探索，2021 (8)：101—111+190+2.

[16] 杨志勇. 财政学的基本问题——兼论中国财政学发展的着力点 [J]. 财
  政研究，2017 (12)：11—20.

[17] BAYOH I, IRWIN E G, HAAB T. Determinants of residential location
  choice：how important are local public goods in attracting homeowners to
  central city locations? [J]. Journal of Regional Science，2010 (46)：
  97—120.

[18] DAHLBERG M, EKLÖF M, FREDRIKSSON P, et al. Estimating
  preferences for local public services using migration data [J]. Urban
  Studies，2012 (49)：319—336.

[19] DIAMOND R. The determinants and welfare implications of US workers'
  diverging location choices by skill：1980—2000 [J]. American Economic
  Review，2016 (106)：479—524.

[20] OATES W E. The effects of property taxes and local public spending on
  property values：an empirical study of tax capitalization and the tiebout
  hypothesis [J]. Journal of Political Economy，1969 (77)：957—971.

[21] TIEBOUT C M. A pure theory of local expenditures [J]. Journal of
  Political Economy，1956 (64)：416—424.

四川大学财政学专业建设的思考与探索

邓菊秋①

（四川大学经济学院，四川成都，610065）

摘要：经过 25 年的探索，四川大学财政学专业不断开拓进取，日渐精进，形成了专业定位准确、培养目标明确、课程设置科学、培养方式多样、教师队伍优良等专业特色，成长为国家一流专业建设点。专业特色的形成有赖于学校十分明确专业人才培养目标和要求，不断推进课堂革命，注重理论联系实际，坚持教改与科研项目并重等措施。在新文科建设的要求下，财政学专业的课程设置要注重文理工交叉，发挥综合性大学的优势。在教学内容上，注重理论与实践的结合。在教学方法上，注重理论分析与案例分析相结合，以科研带动人才培养，进而培养出具有哲学伦理素养和科学精神、大数据信息处理能力、全面的经济学理论素养、坚实的财政学理论功底、深厚的税收学专业知识、扎实的专业技能和一流综合素质的财政管理高级人才。

关键词：财政学；专业；建设

现代信息技术的发展深刻影响着社会的方方面面。世界正在变化，教育也必须改变，需要以新的教育形式，培养当今和未来社会和经济所需要的人才。2021 年 4 月 19 日，习近平总书记在清华大学考察时提出"建设一流大学，关键是要不断提高人才培养质量"②。我们要用好学科交叉融合的"催化剂"，加强基础学科培养能力，打破学科专业壁垒，对现有学科专业体系进行调整升级，瞄准科技前沿和关键领域，推进新工科、新医科、新农科、新文科建设。新文科建设的根本目标是构建中国特色哲学社会科学，提升中国文化软实力，

---

① 邓菊秋（1968—），四川大学经济学院教授、博士生导师，主要从事财政学的教学与研究。

② 黄敬文、鞠鹏：《习近平在清华大学考察时强调　坚持中国特色世界一流大学建设目标方向为服务国家富强民族复兴人民幸福贡献力量》，《人民日报》，2021 年 4 月 20 日第 1 版。

即坚持以习近平新时代中国特色社会主义思想为指导，构建中国特色、中国风格、中国气派的哲学社会科学。新文科建设要立足新时代，回应新需求，要突破传统思维范式，继承创新，交叉融合，协同共享。在新文科建设的背景下，财政学专业要培养具备哲学伦理素养，系统掌握现代经济学理论与方法，富于科学精神和理性思维，具备大数据信息处理能力，能够胜任管理工作的财政经济高级管理人才。要求学科的融合交叉，增加基础学科的理论和方法，加强数理基础和实践教学。其主要抓手是专业优化、课程提升和模式创新。四川大学财政学专业经过 25 年的发展已经建立起一套比较适应社会需求的人才培养模式。在新时代、新教育、新财经、新要求等"四新"指引下，财政学专业的课程体系、教学方式、师资队伍建设等方面必须进行改革创新。

一、四川大学财政学专业发展历程

财政学专业设立于 1998 年，是在原投资学专业的基础上建立起来的。2012 年财政学专业纳入应用经济学科培养，实行大类招生，第一到第三学期按照经济学大类培养，第四学期开始按照财政学专业培养。2021 年获批四川省级一流本科专业建设点。2022 年获批国家级一流本科专业建设点，进入了新的发展阶段。财政学专业的发展，大致可以分成三个阶段。

（一）第一阶段：财政学专业初创期（1998—2011 年）

1. 专业培养目标

随着我国进入全面推进社会主义现代化建设的新阶段，学校提出要建成"国内一流，国际知名的高水平研究型综合大学"，培养"厚基础、宽专业、多方向、重能力、高素质、强适应性、具有创新精神的高级专门人才"。财政学专业培养具有扎实的财政、税务等方面的理论素养和专业知识、基本技能和较高综合素质的复合型高级专门人才。毕业生能在财政、税务及其他经济管理部门和企事业单位从事财政管理和实际操作的各项工作。

2. 专业培养要求

本专业学生主要学习财政、税收方面的基本理论和基本知识，接受相关业务实践的基本训练，了解财政、税收工作实际，熟悉国家财税政策，具有财税及相关领域实际工作的基本能力。毕业生应获得以下几方面的知识和能力：掌握财政（含税收）学科的基本理论、基本知识；具有处理财政税收业务的基本能力；熟悉国家有关财政、税收的方针、政策和法规；了解本学科的理论前沿和发展动态；掌握文献检索、资料查询的基本方法，具有一定的科学研究和实际工作能力；具有较强的口头和文字表达能力，能熟练运用一门外语和计算机，具有良好的从事财政、税务及管理工作的综合素质与实际能力。

3. 课程设置

课程是专业建设的基础，是人才培养的核心要素。在财政学专业发展的初期，师资紧张，经验不足。课程设置主要是考虑到学校的基本要求和现有师资。课程设置由必修课和选修课两个部分组成。必修课包括四个模块：一是校级平台课，主要有思想道德修养、法律基础、马克思主义哲学（文科类）、大学英语、大学计算机基础、中华文化等课程。二是类级平台课，42学分，主要有大学数学、政治经济学、西方经济学、计量经济学、财政学、会计学、货币银行学、国际经济学等经济学类的专业基础课程。三是专业课程，23学分，主要有中国税制、财务管理、税收管理学、公共经济学、专业英语、资产评估学等。四是实践环节，18学分，有社会实践、学年论文和毕业论文。选修课48学分，开设有国际税收、财税理论前沿问题、税收筹划、税收代理、公司理财等课程。

2008年，学校的教育理念发生了变化，强调综合能力的培养，培养目标从本专业的"单面人"转变为素质与能力兼有的"综合人"，要求课堂学习与科研实践（训练）相结合，尽可能开设研讨课。学校提出了构建通识教育与宽口径专业培养相结合的课程体系。与此同时，教育部印发的《关于进一步深化本科教学改革全面提高教学质量的若干意见》（教高〔2007〕2号）规定：列入教学计划的各实践教学环节累计学分（学时），人文社会科学类专业一般不应少于总学分（学时）的15%[1]。学校明确提出新课程体系将通识教育和专业教育的各类型课程概括为五大类课程群，即人格与素养课程群、表达与理解课程群、发展基础课程群、专业与服务课程群和研讨与探究课程群。因此，2008年修订的财政学教学大纲的主要变化是在发展基础课程群里要求选修2门理工科课程。专业与服务课程群中，必修课73学分，选修课20学分。研讨与探究课程群中，财税理论前沿改成了必修课程，新增了创新创业2学分，财政学经典文献导读2学分。总学分也从160分增加到了170分，实践总学时占总学时的比重为15.4%。

（二）第二阶段：财政学专业成长期（2012—2020年）

2012年，四川大学提出把学校建成"中国一流高水平的研究型综合大学"

---

① 教育部：《关于进一步深化本科教学改革全面提高教学质量的若干意见》（教高〔2007〕2号），http://www.moe.gov.cn/srcsite/A08/s7056/200702/t20070217_79865.html。

的战略目标,全面实施"精英教育、个性化教育、自由全面发展教育",构建具有四川大学特色的本科"323+X"创新人才培养体系。根据学校的指导思想,财政学专业纳入经济学大类培养。第一至三学期执行经济学类教学大纲,在第三学期结束的时候,学生自主选择经济学、财政学或者国民经济管理学等专业。第四至八学期执行财政学教学计划。

1. 专业培养目标

学校提出的培养目标是"培养具有深厚的人文底蕴、扎实的专业知识、强烈的创新意识、宽广的国际视野的国家栋梁和社会精英"。按照"高素质、强能力、重个性、促创新"的指导思想,财政学专业培养具有扎实的财政、税收等方面的理论素养和专业知识、基本技能和较高综合素质的复合型高级专门人才。毕业生能在财政、税收及其他经济管理部门和企事业单位从事财政管理和实际操作的各项工作,并且成长为具有深厚文化底蕴、坚实的财税专业基础、较强的创新意识、宽广的视野的财政税务理论与实际工作的栋梁和精英人才。

2. 课程设置

学校提出本科"323+X"创新人才培养体系。"3"是指"三大类"创新人才培养体系,即综合创新人才、拔尖创新人才和"双特生"[①];"2"是指"两阶段"培养过程,即通识教育和专业基础教育阶段和个性化教育阶段;"3"是指三大类课程体系,即学术研究型课程体系、创新探索型课程体系和实践应用型课程体系;"X"是指若干个支撑项目。

财政学课程设置由通识教育和专业基础教育、个性化教育两大模块组成。通识教育和专业基础教育包括思想政治理论课、外语、体育、军事理论、军训等公共课程,以及跨专业选修课程(含文化素质公选课)和专业基础课程。学校开设的跨专业选修课程有300多门,要求学生至少选修6个学分。个性化教育分设学术研究型课程、创新探索型课程和实践应用型课程三大类课程体系。每个学生只需修读一个类别的课程即可满足培养要求。财政学专业开设了中国税制、税收管理、地方财政学(全英文)、财税理论前沿、公共预算与管理等必修课。另外还开设了税收筹划、税务代理、国际税收、资产评估学、财政学文献导读等专业选修课,学生还可以根据自己的兴趣选修经济、金融等专业开设的选修课。实践环节有读书报告会、税收征管模拟、创新创业教育和毕业论

---

① "双特生"是指在某一学科或具有特殊兴趣、爱好和特殊专长、潜质,并在某一学科领域已经取得一定成绩,有一定独到见解的"奇才""偏才",并能提供真实、有效材料证明者。

文撰写，必须完成 13 个学分。在这个培养方案中，个性化教育阶段的学分占总学分的 39%，实践环节学分占总学分的 8%，充分说明了培养方案是根据学校的指导原则制定和实施的，体现了注重培养学生个性化发展的需求。

（三）第三阶段：财政学专业争创一流期（2021 年至今）

1. 专业培养目标

专业培养目标为培养践行社会主义核心价值观，具有社会责任感、公共意识和创新精神，掌握经济学和财政税收基本理论和方法，熟悉我国财税政策法规，了解我国财经运行状况，具备综合运用专业知识分析和解决公共经济问题能力的应用型、复合型、创新创业型人才。财政学专业毕业生适合在财政、税务、公共投资、国有资产管理、社会保障等公共经济管理部门和各类企事业单位、非营利性组织从事财务税务管理等相关工作。

2. 专业培养要求

理论方面注重现代经济理论在财税领域的深化和拓展，关注财政学理论发展前沿，把握国家宏观财经政策以及现实中政府重大的制度变革和政策调整等；实践方面强调财政和税务管理能力的培养，注重培养学生在政府机构及企事业单位进行财务管理的基本技能。本专业要求学生熟悉国家财税政策，具有财税及相关领域实际工作的基本能力；具备独立自主地获取和更新知识的学习能力；具备将专业理论知识融会贯通，综合运用专业知识和方法分析和解决问题的能力；具备较强的沟通协调能力、团队合作能力和开拓创新能力；具有较高的计算机水平，熟练应用英语和经济数学。

3. 课程设置

2018 年，全国财政学类教学指导委员会为深化财政类本科专业教学改革，制定了《财政学类教学质量国家标准》。这一标准是践行财政学类高等教育内涵式发展的重要举措，是财税专业学科发展的顶层设计。2021 年修订财政学教学计划时，学校将本科人才培养指导思想和财政学类教学指导委员会的专业发展原则结合起来。学校强调要比肩国际一流大学的一流学科专业水准，突出我校作为研究型综合性大学的特点，进一步深化通识教育，强化学科交叉、国际化教育和实践教学，全面推进探究式-小班化课堂教学改革、非标准答案考试改革和全过程学业评价改革，培养学生的独立思考能力、创新创业能力、团结协作和社会担当能力，促进学生德智体美全面发展。

在新文科、新工科建设的指导下，本科生的课程体系由四大模块组成，即通识教育、专业教育、跨学科专业教育和实践教育。通识教育包括公共基础课程和通识（文化素质公选）模块课程。公共基础课程要求各专业开设新生研讨课。新生研讨课重在研讨，强调师生互动，以探索和研究为基础激发学生的求知欲、好奇心和学习兴趣。通识模块课程分为五大课程模块，即人文艺术与中华文化传承、社会科学与公共责任、科学探索与生命教育、工程技术与可持续发展、国际事务与全球视野。通识教育要求学生修读 12 个学分（必修"中华文化""大学计算机基础""大学生心理健康"）。专业教育模块根据财政学类教学指导委员会的要求并结合学院的师资，把中国税制、公共预算管理、地方财政学和财税理论前沿等课程作为专业必修课程。跨学科专业教育要求学生修读非本专业的其他专业课程至少 2 门（总学分不少于 4 学分）。实践教育强调学思结合、知行统一，综合运用理论知识、基本技能和思维方法，提升学生解决实际问题的水平和能力。财政学专业的实践教育学分占总学分的 20%，每个学生需完成创新创业教育 4 学分。

这次修订的教学大纲有两个特点：一是要求财政学专业的学生必须选两门非本专业的其他专业课程，要求学生必选计算机应用、大数据等相关课程，以适应信息时代的需要；二是拓展了创新创业教育课程的内容，包括社会实践、学科竞赛、科研训练与科技成果、学术社团、志愿服务等。

2024 年又修订了教学计划，更加强调学科的交叉与融合。在通识教育模块里，增加了"科学进步与技术革命"课程。在专业选修课程里，开设有"数字财税""数字经济发展与治理""数量经济分析与 Python 编程""面向新一轮科技革命的政治经济学"等数字技术与经济专业结合的课程。

二、财政学专业建设的特色与措施

（一）财政学专业建设的特色

一是专业定位准确，培养目标明确。扎根西南地区，始终坚持财税理论与中国经济实践相结合的培养方式，着力培养既具有扎实的财税理论知识，又能将财税理论知识运用到实际工作中，并熟悉中国实情，从事财政税务管理工作的专门人才。

二是课程设置科学，理论知识与专业技能紧密结合。参考国内一流财政专业课程设置，开设经济学与财税理论等基础课程。对有志于财税研究的学生开设了全英文的地方财政学与财税理论前沿等课程。为提升学生的财税专业技能，系统设置了中国税制、税收管理、税收筹划、国际税收、财务会计等课程。

三是培养方式多样。贯彻探究式－小班化课堂教学、实践教学等，提高学生的基础知识、专业知识和操作技能；同时将创新创业和科研能力培养融入教学全过程。

四是师资队伍优良。本专业现有专业教师 10 人，博士生导师 2 人，高级职称教师比例达 65%，博士比例达到 90%，已建立起了一支以高职称、高学历为主体的专业师资队伍。教师们在研究领域方面互补，通力合作，对财政学专业感情深厚，为学生的成长不辞辛苦。

（二）财政学专业建设的措施

1. 适应新时代财税工作新要求，明确专业人才培养目标和要求

新时代我国提出要深化财税体制改革，加快完善系统完备、法制健全、权责清晰、公平普惠、科学规范、运行有效的现代财政制度，这是本专业人才培养面临的新课题、新任务。我们通过开展新时代本科人才培养大讨论，统一了认识，明确了专业定位。四川大学财政学专业的人才培养目标是培养具有坚定政治立场、身心健康、较高人文素养、家国情怀、创新创业精神的高素质、复合型财经专业人才。

2. 不断推进"课堂革命"

"课堂革命"是理念、模式、评价革命的系统工程。一是理念革命，教育理念从以教师为中心向以学生为中心转变，从课程导向向成果导向转变，从以教授知识为目标向以提高学生素质能力为目标转变。二是教学方式革命。积极推进探究式－小班化课堂教学，针对学习成果进行教学内容设计，跟踪"自主、合作、探究"学习成效，打造"学中做""做中学""做中思"的学习方式。为提升课程内容质量，四位教师完成并上线了"财政学"慕课，以"金课"建设带动教育教学改革。三是评价革命。利用信息技术，改进质量管理体系。从监督评价向"评价—反馈—改进"有效闭环转变，从质量监控向持续改进转变。学生学习评价改革为全过程学业评价，实行以促进学生深度学习和培养创新思维为导向的"非标准答案考试"，鼓励学生自主学习和形成创新型思维。

3. 注重理论联系实际，大力推动实习基地建设

相比理论教学，实践教学的活动空间较为复杂，涉及课堂、课外、校外多个场景；目的更为多样，涉及知识应用、知识拓展、技能提高等目的，即大学实践教学具有多样性，且不同场景及类型之间存在相互联系的结构体系。由于财政学的理论性与应用性均较强，因此，财政学专业的理论教学与实践教学之间的结构体系更加紧密。实践教学需要以实践基础与实验室为依托，通过实习

基地建设、财税业务模拟实验课建设、专题社会调研活动加强学生的动手操作能力和解决问题能力。实践教学以税法知识大赛、德勤税务精英挑战赛等专业竞赛活动，以及税收辩论赛、角色扮演与专题演讲赛等为切入点，全面提升学生学习、协作、分析与解决问题的能力。加强专业实习实践教学基地建设，通过与政府部门、大型企业联合制订实习教学计划，提升学生财税实践能力。目前，财政学专业有 4 个校外实习基地，包括成都市税务局、尤尼泰（四川）税务师事务所、四川立信会计师事务所、国信证券等。

4. 坚持教改与科研项目并重，科研成果引领人才培养

积极鼓励本专业教师进行教改项目的申请，利用教改项目推动教学发展与改革。本专业近年来主持和参与了一系列教改研究项目，承担过 3 项省部级以上的教改项目。支持教师教书育人的同时站在科研前沿。本专业教师从 2000 年至今共承担国家级、省部级科研课题等各类科研项目 50 余项。前沿的科研和教学成果反哺和引领一流本科人才培养。建设课程团队，在不断引进国内外相关专业优秀人才的基础上，建立了完善的"传帮带"机制，并且长期举办教研室学术沙龙活动，共同探讨教学方式改革；坚持集体备课制度，加深教师对课程内容的理解，提升讲课技巧；定期举行教研组听课活动，以教研组为单位，每个学期至少安排集体观摩 3 位教师授课，对青年教师提出意见与建议，对资深教师的教学经验进行推广。

三、加快建成国家一流本科专业的思考

（一）构建财政学本科专业人才培养调整动态机制

在全球化和技术变革的现代力量推动下，我国经济发展方式正在发生根本性的转变。一方面，经济发展方式转变导致财税专业人力资源需求发生变化，更需要具有创新精神的学术型人才、具备较高职业素养的应用型人才、具有较好发展潜能的复合型人才、具有国际视野的外向型人才等。另一方面，经济结构调整导致财税专业的就业市场发生变化。新职业不断涌现，一些传统职业的内涵也在不断更新，社会职业的变化必然带来财税专业就业市场的变化。因此，财政专业的人才培养模式需要面对产业结构与就业市场的变化所带来的挑战，进一步优化财税专业人才培养规格，适时调整财税专业内涵和结构，根据就业市场需求及时调整专业发展方向，逐步提高财税专业人才培养效果与社会经济发展需求之间的契合度。不断加大财政学专业人才的综合素质、应用型、复合型人才培养力度，着力提升学生专业理论水平、写作能力、表达能力、组

织能力、数据分析能力等。

（二）课程设置上，注重文理工交叉，发挥综合性大学的优势

现代财政学是经济学的一个分支，是用经济学的基本理论分析政府经济活动的一门学科。在学科体系中，财政学起着衔接一般经济理论课与财政业务课的中介作用。它一方面将一般经济理论深化，另一方面对财政业务进行理论性分析。因此，财政学不是纯理论经济学，而是和政府的现实财政活动紧密联系在一起的。但财政学也不是一门实务课程，它具有突出的宏观性特征，实务操作性相对较差。可以说，财政学是一门边缘学科，需要具有西方经济学、政治学、货币银行学的理论基础；而税收、财务、会计等实用经济学科知识，也是深入研究财政理论问题以及实际操作中所不可或缺的。在财政管理智能化的背景下，更需要学生具有理工科的思维。

为了培养学生的综合能力，提高就业竞争力，遵循以学生为本，注重以素质和能力培养为核心的教学观念，我们充分利用本校学科门类齐全，尤其是管理学、法学、政治学、计算机科学等相关学科力量雄厚的优势，在课程设置上，按照"宽口径，厚基础"的原则，在加强本专业课程学习的同时，增加选修课，开拓相关研究方向，充分发挥综合性大学的优势。在专业主干课中开设体现直接交叉融合的前沿性课程，增设社会科学和自然科学工具平台课程，以及数理基础、数据经济、数量财税等课程。着眼于未来的科技创新及经济社会影响，将交叉融合理念渗透专业教育，进一步巩固和优化宽口径、厚基础、强能力、重交叉、善创新的教育模式，提高人才培养质量。

（三）教学内容上，注重理论与实践的结合

在我国经济体制转轨的过程中，财政学的教学内容也发生了巨大的变化。因此，选择适当的教学内容是非常关键的。财政学教学既要借鉴西方财政理论，又要紧密结合中国实践。我们要求学生掌握财政的基础理论，选用国际流行的教材，如哈维·罗森编写的《财政学》作为教学参考书，结合中国的财政实践进行教学。与此同时，注重经典文献的选读工作，选择前沿文献进行教学，强调跟踪国内最新改革动态，不断补充国内最新改革进展的内容。

在抓学生理论基础的同时，也注重培养学生的实践能力。一是通过深入探索符合新文科建设要求的财政学实践类课程全覆盖实现机制，从理论上探寻其教学体系构建的思路和方法；二是通过构建适合实践教学特点的教学体系以及实现路径，促进财政学实践课程落地生根，将"读万卷书"与"行万里路"相结合，扎根中国大地，了解国情民情，让学生在实践中增长智慧才干，在艰苦奋斗中锤炼意志品质。实践类课程分为专业实验、创新创业教育和社会实践三类课程。专业实验课程注重学思结合、知行统一，旨在增强学生勇于探索的创新精神，提升学生善于解决问题的实践能力。创新创业教育课程注重让学生"敢闯会创"，在参与中增强创新精神、创新意识，提升创业能力。将一、二、三课堂有机结合，将知识传授、德法教育、实践转化与创新创业等贯穿于学生培养全过程，其中，实践课程的转化是关键。为此，我们与财政部门、税务部门紧密合作，设立教学实习基地，组织学生在基地实习，熟悉有关业务，把理论和实践结合起来，从而提高学生综合素质。学院定期举行案例大赛，组织学生编写案例，进行分析和讨论，促使学生注重信息和资料的收集，主动关心和了解现实，让学生掌握更多的知识，同时发现新问题，激发学生进一步探求知识的兴趣，体会到学习的意义。

（四）教学方法上，理论分析与案例分析相结合

财政学专业的课程具有较强的理论性和抽象性，同时也有着很强的应用性和政策性。案例教学法在财政学专业中的使用，有助于调动学生学习的积极性。

在传统的教学过程中，教师往往注重独角戏式的讲解，较少让学生参与和互动，导致大多数学生觉得所学知识理论性太强、太过抽象，与现实生活存在较大差距。而案例教学则可以有效地使教师和学生之间形成多角戏的关系，引导学生运用掌握的理论知识，分析、讨论案例的疑难细节，将原理进一步具体化。同时教师可以通过组织和引导案例讨论，提升学生学以致用的能力，促进学生的思考，提高他们学习的积极性。

教学中以学生为导向。学生的主导作用贯穿于教学过程的始终，教学要围绕学生开展。必须认识到：如果知识不能被学生理解并有效吸收，就等于教学的失败。要以问题为导向，预先提出问题，可以促使学生对每一部分内容做好充分的准备，促进学生在课前就进行自主的、主动的和有针对性的研究。

（五）以科学研究的优势带动人才培养

学校将现有的科研资源、前沿的科研成果、先进的学术水平、一流的学术大师等同本科教学紧密结合。学校鼓励教师把科研前沿成果引进教学活动，开设了介绍学术前沿的选修课程和讲座。学校实施了创新教育学分制，学生参与的科研活动课计算为创新学分，创新学分不低于2分才能毕业，科研成果突出的学生可直接保送研究生。学院建立本科生创新基地，组织学生参加各类校园创新创业活动和竞赛活动。学校建立了吴玉章学院，培养拔尖的创新人才。

学校提出了人才国际化培养的目标，即力争让本科生至少有一次国际交流经历，与国际一流大学联合构建高水平的国际创新平台以及国际化的学生创新团队，形成具有四川大学特色的多元化海外学习模式，建立学生的海外学习资助体系。特别优秀的财政学专业的本科生可获得海外学习或实习的机会，这对于学生国际视野的拓展无疑有着重要的作用和意义。

（六）建立专业教学团队

学校根据综合性大学的学科优势和人才优势，将所有课程分为公共基础课程和专业核心课程，并逐步建立起教学团队。学校采取切实有效的政策与措施，鼓励高水平教师投入公共基础课程教学工作。建设公共基础课程教学与专业课程教学队伍互通，教学、科研兼容，核心骨干相对稳定的，结构合理的公共基础课程教学团队。建立了公共基础课程教学队伍和科学有效的培养培训制度。学院则主要负责专业课程的教学工作，根据学校的要求，每门专业课由3～4个教师负责，组成一个教学团队，共同探讨，共同学习，不断提高教学质量和效果。

"十年树木，百年树人。"对本科人才的培养是一个系统性的、综合性的工程。我们既要充分利用综合性大学学科互补的优势，又要考虑到综合性大学中的财经专业与财经院校的差距，根据现实需要和发展方向，不断改进课程设置和教学内容，从而培养出适应社会需要的人才。

参考文献

[1] 樊丽明. 对"新文科"之"新"的几点理解 [J]. 中国高教研究，2019（10）：10－11.

[2] 马骁. 关于新文科建设的思考 [J]. 中国高教研究，2019（10）：12.

[3] 刘小兵. 对新文科的思考和看法 [J]. 中国高教研究，2019（10）：12－13.

[4] 樊丽明，石绍兵，李华. 新时代财政学教育之变：从专业教育到"三圈层"教育 [J]. 中国高教研究，2022（3）：1－5.

[5] 张红伟，兰利琼. 道术融合 研教相长——四川大学教学学术创新探索与实践 [M]. 成都：四川大学出版社，2022.

[6] 全国高校财政学教学研究会. 财政学教学理论与学术研究（2011）[M]. 北京：中国财政经济出版社，2012.

[7] 王晓洁，温立洲. 财政学教学改革与学术研究的思考 [M]. 北京：中国财政经济出版社，2019.

研究型大学经管类本科专业基础课程
教学内容的适度拓展

——以"财政学"为例①

路　征②

（四川大学经济学院，四川成都，610065）

摘要： 作为我国"双一流"建设的核心群体，研究型大学有其特殊的办学使命和定位，这也决定了其本科人才培养的目标与非研究型大学相比存在差异。本文分析认为，基于研究型大学本科教育有其特殊使命、研究型大学经管类专业本科生的深造意愿强、研究型大学经管类本科生完成高阶任务的现实需要以及教材的基础性普适性难以满足研究型大学本科教学的需求四方面的原因，研究型大学经管类本科专业基础课程教学内容有必要进行适当的拓展。进而，基于"财政学"课程教学实践，提出研究型大学经管类本科专业基础课程教学内容的拓展应着重放在四个方面，即适度加强对基础理论的规范性分析框架的讲解、适度引入可供学生操作使用的分析工具、适度引入典型事实和案例进行深入剖析以及引导学生阅读有针对性的学术论文。这些实践探索，可供同类高校本科专业基础课程教师调整优化教学内容、提高本科人才培养质量借鉴和参考。

关键词： 研究型大学；本科教育；基础课程；教学内容；人才培养

---

① 2021—2023年四川省高等教育人才培养质量和教学改革项目"高校'课程思政'引领'金课'建设的研究与实践——以财经类课程为例"（JG2021-57）阶段性成果。

② 路征（1982—），四川大学经济学院教授、博士生导师，主讲财政学、管理学等本科专业基础课程。

一、引言

人才培养是高等教育的"本"，本科教育是高等教育的"根"（吴岩，2017）。作为我国"双一流"建设的核心群体，研究型大学要成功建成世界一流大学，必然要建立在"一流本科教育"这个根基之上。而造就一流的本科教育，需要在教学条件、师资队伍、课堂教学等方面实现协调、协同发展。这其中，课堂教学又被视为人才培养的主渠道、主阵地（吴岩，2017），它涉及课程体系、课程资源、师资配备、教学内容、教学方式以及课堂教学质量评估等方面。

针对本科教育整体或不同学科领域，现有研究对本科课堂教学的各方面都做了深入的研究和改革探索，尤其是在课程体系建设、教学内容设计、教学方式优化、教学质量评估等方面，试图通过积极响应面临的新挑战和吸收国际先进经验，探索形成既能弥补我国高校传统课堂教学短板，又符合我国现实需要和时代特征的课堂教学体系。具体到经管类本科课堂教学上，现有研究又主要集中在实验和实践教学（兰草、朱娟蓉、徐晓辉，2017；胡建元、张霞，2017；王伟芳、景永平，2018；曹强、虞文美，2018）、教学模式与方式方法（蒋洪、樊丽明、刘小兵，2014；杨莲娜、张庆亮，2015；张为付、李逢春，2017；杨树林，2019；王维国、徐健、盖印，2022）、课程思政（陈怡琴，2021；陈运森、郑登津，2022；谭术魁，2023；周湘林、张梦瑶，2024）等方面，形成了多维度、多元化的实践成果和经验。同时，也有一些研究探讨了经管类本科具体专业课程的教学内容调整优化问题。

第一，在经管类本科专业课程教学内容上，应根据客观需要做出取舍，尤其是做好与其他课程的衔接。金恩斌（2009）结合课程体系的改革和发展，认为经济类专业"统计学原理"课程的教学内容需要增加部分内容，以满足"计量经济学"等后续课程教学的要求。吴星泽（2011）基于教材内容与实践之间的差距，认为"财务学"教学内容应在视角（从市场视角到管理视角）、目标（从股东财务到相关者财务）、对象（从商品经营财务到资本经营财务）三个方面进行扩展。针对应用型本科"财务管理"课程，孙立敏（2014）认为，传统的教学内容大多以上市公司为研究对象，而我国非上市公司占比超过90%，因此将教学内容重点放在少数企业上并不合理，而应该更多地关注非上市公司的资金流转规律。李霄民、闻道君（2016）结合财经类专业数学和计算机课程设置的局限性，认为"数学建模"课程的教学内容应当适当补充数学知识和计算机知识。基于我国经济转向高质量发展阶段这一背景，廖直东（2018）指出

"国有资产管理"课程教学内容应当适度调整，要将我国国有经济增长方式转变和自主创新方面的理论成果和经验纳入课程教学内容。杨波、黄嘉珍（2021）基于数字经济发展趋势，认为应将数字经济理论融入"微观经济学"课程的教学内容，并从供求理论、生产理论、市场结构理论、市场失灵理论四个方面给出了融入点。

第二，"财政学"作为经管类本科的专业基础课程，相关实践亦根据实际需要进行了一定的调整优化。廖家勤（2009）结合当时我国观察落实科学发展观的背景，对"财政学"课程的教学内容体系进行了一定优化。苑梅（2009）认为经济类各专业的侧重点有一定差异，因而"公共财政学"课程的教学内容重点应放在基本理论原理上，进而适应不同专业的人才培养要求。熊冬洋（2010）认为，高校"财政学"教学内容选择存在无统一标准、不能体现专业特色、实践性不强等问题，认为有必要对教材的基本教学内容进行统一，教学过程中则根据各具体专业需要进行必要调整。邓毅（2012）结合应用型本科人才培养的目标要求，认为现有"财政学"课程教学内容存在定位不准、内容单一、偏重理论等问题，建议要处理好基础知识与应用知识、重点与非重点、理论教学与实践教学等方面的关系。鉴于"财政学"教材内容难以及时更新，高佳薇（2018）认为在具体教学过程中，教材只应作为教学的参考，任课教师要根据实际需要对教材内容进行合理增加或删减。

综上所述，经管类本科专业课程教师在相关课程的教学实践中，并不仅仅依赖于教材所给出的教学内容，而是根据实际需要主动调整，以实现人才培养的目标和满足现实需要。相关调整优化措施充分考虑了我国经济社会发展的阶段性特征以及理论与实践之间、课程与课程之间的衔接需要，有助于学生更好地理解理论知识。但是，这些探索较少考虑不同类型高校本科人才培养的目标定位。事实上，对于不同类型的高校，其本科人才培养的目标定位、学生的实际需求等都存在差异，因而教学过程中，专业课程教学内容的调整重点也应有所差别。鉴于此，本文聚焦研究型大学本科专业课程教学内容调整优化问题，在分析研究型大学经管类本科专业基础课程教学内容适度拓展的必要性的基础之上，总结作者承担的四川大学"财政学"课程教学内容拓展实践经验，对同类高校本科专业基础课程教师调整优化教学内容、提高本科人才培养质量有一定的参考价值。

二、研究型大学经管类本科专业基础课程教学内容适度拓展的必要性

（一）研究型大学本科教育有其特殊使命

研究型大学是我国"双一流"建设的核心群体，是创建世界一流大学行列的主力军。在《中华人民共和国国民经济和社会发展第十四个五年规划和2035年远景目标纲要》中，国家明确提出要"分类建设一流大学和一流学科，支持发展高水平研究型大学。建设高质量本科教育，推进部分普通本科高校向应用型转变"。这意味着，在未来我国本科高校建设过程中，研究型大学与其他普通本科高校（教学研究型和教学型大学）的本科教育有着不同的使命和目标定位。研究型大学的本科教育更侧重于提升学生的基础能力、创新能力，定位于"为高端人才的成长奠定基础"，培养"精英性"人才，而非研究型大学的本科教育侧重于提升学生的专业能力和应用能力（党传升、刘春惠，2011；周叶中，2015）。换句话说，研究型大学应以培养从事学术研究的创新型人才为主，而非研究型大学以培养应用型人才为主（金一斌，2020）。从国内代表性研究型大学和财经类高校的本科人才培养目标表述可以看出（见表1），致力于培养"创新""精英""卓越"的本科人才是其共性目标。因此，研究型大学经管类本科专业基础课程的教学内容，应当在讲解基本概念和原理的同时，适当增加相关内容的理论深度，尤其是所涉及学科领域的理论分析框架。具体到经济学学科领域，就需要适当加强对相关规范经济理论的基本分析框架的讲解，以为学生后续从事学术研究、成长为高端创新型人才奠定基础。

表1　部分高校本科人才培养目标及2022届本科毕业生深造率

高校名称		本科人才培养目标	深造率（%）	建设层次
综合类高校	中国科学院大学	培养未来的科技骨干和领军人才，使他们具有深厚的理论基础、宽广的专业知识、高远的国际视野、丰富的人文情怀，追求科学梦想、献身科学事业、立志报效国家，有创新创业潜力，德智体美劳全面发展	90.2	—
	清华大学	培养肩负使命、追求卓越的人，使学生具备健全人格、宽厚基础、创新思维、全球视野和社会责任感	79.6	"双一流"
	北京大学	培养以天下为己任，具有健康体魄与健全人格、独立思考与创新精神、实践能力与全球视野的卓越人才	76.3	"双一流"

综合类高校	上海交通大学	使学生坚定理想信念，具有社会责任感、创新精神和实践能力，具有宽厚基础、人文情怀和全球视野，成为德智体美劳全面发展的卓越创新人才，成为未来的学术大师、治国英才、业界领袖、文化精英	67.3	"双一流"
	浙江大学	培养德智体美劳全面发展、具有全球竞争力的高素质创新人才和领导者	61.5	"双一流"
	四川大学	培养具有崇高理想信念、深厚人文底蕴、扎实专业知识、强烈创新意识、宽广国际视野的国家栋梁和社会精英	55.1	"双一流"
财经类高校	对外经济贸易大学	坚持和不断彰显高素质、创新型、国际化领军人才培养特色……培养具有家国情怀和全球视野的德智体美劳全面发展的社会主义建设者和接班人	58.4	"双一流"
	中央财经大学	培育学生的爱国情怀、社会责任感、创新精神和实践能力，促进学生德智体美劳全面发展，高质量培养担当民族复兴大任的时代新人	53.7	"双一流"
	东北财经大学	培养卓越财经人才	52.5	—
	西南财经大学	培养具有社会责任感、创新精神、国际视野的财经领域的卓越人才	42.3	"双一流"
	浙江工商大学	培养具有国际视野、人文情怀、专业素养的创新型卓越人才	36.7	—
	浙江财经大学	培养能主动适应社会主义市场经济建设需要，德智体美全面发展，具备国际视野的应用型、复合型、创新型、创业型人才	27.7	—

资料来源：2022届本科毕业生深造率数据来源于麦可思研究院；人才培养目标由作者补充，其中中国科学院大学的表述来源于其官网公布的《中国科学院大学本科培养方案总则（2023级）》，浙江财经大学的表述来源于该校《2017—2018学年本科教学质量报告》，其他高校的表述来源于各高校公布的《2022—2023学年本科教学质量报告》。

（二）研究型大学经管类专业本科生的深造意愿强

受多种因素的综合影响，近年来我国本科毕业生的深造率（毕业生到国内外高校和科研机构攻读研究生的比例）有明显提升。统计数据显示，2018届本科毕业生深造率为16.8%，2022届本科毕业生深造率提升到20.1%。其中，"双一流"院校2022届本科毕业生深造率高达41%，而同届非"双一流"院校则只有15.9%（麦可思研究院，2023）。从一些典型高校本科毕业生深造率数据可以看出（见表1），综合实力强劲的研究型大学的本科毕业生深造率都很高。作者所在的四川大学2022届本科毕业生深造率也达到了55.1%；而研究实力领先的财经类高校，2022届本科毕业生深造率也大多超过了40%。以四川大学为例，统计数据也显示，近年来经济学院和商学院的本科毕业生深造率保持在40%以上，且总体上呈上升趋势（见表2）。上述数据表明，研究型大学经管类专业本科生具有很强的深造意愿，因而强化本科期间专业基础课程相关理论知识的教学，可以为他们未来的研究生阶段学习和完成研究任务奠定必要的基础。

表2　四川大学经管类本科毕业生国内外深造率（%）

学届	全校本科毕业生国内外深造率	经济学院本科毕业生国内外深造率	商学院本科毕业生国内外深造率
2015届	41.26	—	—
2016届	42.66	—	—
2017届	43.41	—	—
2018届	42.65	44.79	40.43
2019届	46.11	43.77	44.34
2020届	50.86	44.94	48.49
2021届	51.31	48.81	42.79

数据来源：2015—2021届四川大学毕业生就业质量报告。

（三）研究型大学经管类本科生完成高阶任务的现实需要

近年来，我国开始大力推进新文科建设。新文科建设要求统筹本科教育与研究生教育，实现各学段之间的紧密衔接（樊丽明，2021）。在此背景下，本科课程体系中开设一些中级课程具有必要性。事实上，研究型大学基于其本科教育的特殊使命和目标定位，一般都在本科专业课程体系中设置了中级甚至高级课程，以实现本科教育与研究生教育的协调推进。例如，从表3可以看出，典型研究型大学经济类专业培养课程体系中，均将中级宏观经济学、中级微观经济学等中级课程列为专业必修课程。在作者所在的四川大学经济学院，相关本科专业也开设了中级宏观经济学、中级微观经济学、宏观经济模型等中级水平的专业必修或选修课程。因而，在专业基础课程学习阶段加深学科理论基础训练，有助于学生更好地学习高阶课程，实现基础课程与高阶课程之间的顺利衔接。此外，《教育部关于深化本科教育教学改革全面提高人才培养质量的意见》（教高〔2019〕6号）也明确指出，"支持学生早进课题、早进实验室、早进团队，以高水平科学研究提高学生创新和实践能力"。对于经管类专业本科生来说，若要有效参与科研活动，必须具备一定的学科理论与方法基础。因此，在专业基础课的教学中进行适当的讲解，有利于增强学生的学科理论基础和提升学生的科研思维能力，进而让学生更有效地参与高水平的科研活动之中。

表3　典型研究型大学经济类本科专业开设的高阶课程

高校名称	培养方案	高阶课程示例
清华大学	经济管理学院2023级经济与金融专业本科培养方案	中级宏观经济学、中级微观经济学（均为专业必修课程）
北京大学	国家发展研究院经济学双学位、辅修培养方案（适用于2020—2023年开始修读双学位的学生）	中级宏观经济学、中级微观经济学（均为专业必修课程）
浙江大学	经济学院2022级财政学专业培养方案	中级宏观经济学、中级微观经济学、中级计量经济学（均为专业必修课程）
中国人民大学	财政金融学院2017级财政学专业培养方案	中级宏观经济学、中级微观经济学（均为学科基础课）
四川大学	经济学院2023级国民经济管理、财政学、经济学等本科专业培养计划	中级宏观经济学、中级微观经济学、中级计量经济学、宏观经济模型（专业必修或选修课程）
上海财经大学	经济学院经济学专业培养方案（2022级）	中级宏观经济学、中级微观经济学（均为专业必修课程）；个别方向还开设了高级微观经济学（必修或选修课程）
中央财经大学	2022级经济学、国民经济管理、财政学（财政理论与政策）、金融学（国际金融与公司理财）等专业指导性教学计划	中级微观经济学、中级宏观经济学（均为学科基础课）
西南财经大学	财政学专业2023级本科人才培养方案	中级公共经济学（专业必修课程）、中级微观经济学、中级宏观经济学（专业方向课程）

资料来源：除四川大学经济学院各专业培养方案来源于学院教学科研办公室外，其他各高校培养方案均来自其相关部门或院系官网公布的培养方案。

（四）教材的基础性普适性难以满足研究型大学本科教学的需求

教材一般具有基础性、普适性的特点，由国家相关部门组织编写的教材还强调统一性，这使教材设计的教学内容无法完全满足不同类型学校、不同专业的差异化需求（江宏春、李元峰，2016；杨晓东、甄国红、姚丽亚，2020；程良宏、黄晓茜，2020）。近年来，我国相关部门组织编写了一系列统一的大学基础课程教材并在全国高校推广使用。例如本文讨论的"财政学"课程，就使用了马克思主义理论研究和建设工程重点教材《公共财政概论》（第1版，高等教育出版社）。由于是统一编写和推广使用的国家级教材，其必须具备面向全国高校的普遍适用性，内容也必然要具备基础性。为了契合研究型大学经管类本科教育的特点，教师需要对教学内容的深度进行适当拓展。

三、研究型大学经管类本科专业基础课程教学内容适度拓展的实践探索

2021年，四川大学经济学院财政学和金融工程专业入选第三批国家级一流专业建设点，进而全院6个本科专业全部入选国家级一流专业建设点。结合学校研究型大学办学定位和一流专业建设的需要，四川大学经济学院本科专业培养方案进行了重新修订，在课程教学内容方面也提出了新的要求。"财政学"是四川大学经济学院所有本科专业的学科基础课程，教学组也在积极探索其教学内容的改革，以提升本课程对各专业本科人才培养的支撑作用。综合考虑经管类本科专业基础课程教学内容适度拓展的必要性，在完成教材（马克思主义理论研究和建设工程重点教材《公共财政概论》）核心内容教学的基础上，在教学内容拓展方面初步做了以下几点实践探索。

（一）适度加强对基础理论的规范性分析框架的讲解

虽然现代经济学中的一些假设和原理与中国国情并不匹配，但不能低估理论的作用，这些理论能够让学生学习思考问题、提出问题和解决问题的方法（田国强，2005）。本科阶段的"财政学"课程虽然重点在于讲解财政收支及其结构，但也涉及一些基础性经济学理论。然而，所使用的教材只介绍了这些理论的基本观点，对这些观点产生的学理逻辑的介绍却较少。因此，在教学过程中，可以对一些基础理论的数量模型做一定介绍。由于现代经济学的基础理论都遵循一套基本的分析框架，因而适度加强对基础理论的规范性分析框架的讲解，有助于学生初步了解现代经济学的理论分析逻辑，进而为后续学习和研究奠定一定的基础。目前，我们主要在三部分内容的讲解中运用了数理模型的推导和解释：一是在讲解公共产品的基本概念和理论中，推导公共产品的最优供给模型（包括纯公共产品和准公共产品）和俱乐部模型，作为相关原理和观点的补充；二是在讲解税收的效应中，利用数理模型推导解释总量税、商品税是否会产生超额负担，作为常规的图形分析的补充；三是在讲解公债部分的李嘉图等价定理中，用一个简单的二期模型进行分析。事实上，在税收理论和财政

政策部分，也可以适当引入相关的理论模型进行分析，但考虑到开设了相关的中级水平课程，为避免重复，现阶段暂时未进行扩充。

（二）适度引入可供学生操作使用的分析工具

在讲解"财政学"相关内容时，学生往往期望能够利用可操作的方法进行现实问题分析。但是，目前课程教材对分析现实问题的方法介绍较少，这就需要教师在教学中适当给出可用的分析工具，以供学生自行学习和应用。例如，在讲解财政支出绩效的评价时，教材提供了成本收益分析法、比较法、因素分析法、最低成本法、公众评判法等方法，但这些方法受数据可获得性等因素的影响，学生难以直接用于分析现实问题。针对学生的具体疑问，我们做了一些分析工具方面的补充：一是针对应用成本收益分析法分析公共项目时如何计算社会贴现率问题，基于一些社会贴现率估算的典型论文，讲解了可供学生自行学习和操作的社会贴现率估算方法；二是针对是否可以通过公开数据评价财政支出综合绩效问题，基于低年级学生只学习了统计学原理，还没有学习计量经济学等专业方法课程的实际情况，补充讲解了数据包络分析法（DEA）、因子分析法等简单易操作的分析工具，以让学生能够快速学习并自行利用公开数据分析问题。

（三）适度引入典型事实和案例进行深入剖析

教学中引入典型事实和案例是被广泛应用的教学方法，我们所使用的教材也以专栏的形式给出了一些案例，但这些案例通常以介绍性为主。同时，因教材更新修订周期一般较长，经济社会发展中出现的一些新的事件或案例无法及时反映在教材之中。因此，可以结合经济社会发展的新形势、新问题，引入典型事实或案例进行剖析，以提升学生思考和解决实际问题的能力。例如，针对"公债"部分，教材中没有给出相应的案例，同时，近年来地方政府债务是一个备受国家和社会关注的课题，关于地方政府债务的理论与实证研究成果也颇多。为加深学生对这一热点问题的认识，在教学中，我们结合相关学术研究文献和国家化解地方政府债务的举措，对地方政府债务的规模测算、形成原因、影响以及化解措施进行了分析讲解。结合学术研究成果对类似的典型事实和案例进行剖析，不仅可以让学生更好地将理论与现实结合起来，也可以让学生学到分析问题的思路和方法。

（四）引导学生阅读有针对性的学术论文

虽然很多研究型大学的本科专业教学计划中，开设了"文献导读"或"前沿专题"类选修课程，但这类课程一般针对高年级学生，涉及的知识点也较为广泛。因此，结合一门具体的基础课程的知识点，引导学生阅读有针对性的学术论文，既有助于学生加深对具体知识点的认识，也有助于学生初步了解学术研究的基本特征及其变化。当然，鉴于学生学习精力和知识积累有限，专业基础类课程不宜让学生阅读太多的学术论文。事实上，教学内容在上述三方面的拓展，都要依赖于经典或前沿的学术研究成果。因此，目前我们在财政学教学实践中，只围绕拓展的教学内容，引导学生精读 1~2 篇经典或前沿学术论文，以让学生初步了解某个专题学术研究的特点。

四、结论与讨论

作为我国"双一流"建设中的核心群体，研究型大学有其特殊的使命和办学定位，这也决定了其本科人才培养的目标与非研究型大学相比存在差异。本文分析认为，基于研究型大学本科教育有其特殊使命、研究型大学经管类专业本科生的深造意愿强、研究型大学经管类本科生完成高阶任务的现实需要以及教材的基础性普适性难以满足研究型大学本科教学的需求等四方面的原因，研究型大学经管类本科专业基础课程教学内容有必要进行适当的拓展。进而，基于"财政学"课程教学实践，提出研究型大学经管类本科专业基础课程教学内容的拓展应着重放在四个方面，即适度加强对基础理论的规范性分析框架的讲解、适度引入可供学生操作使用的分析工具、适度引入典型事实和案例进行深入剖析以及引导学生阅读有针对性的学术论文。这些实践探索，对同类高校本科专业基础课程教师调整优化教学内容、提高本科人才培养质量具有一定的参考价值。

从现阶段的实践效果来看，教学内容深度的适度拓展得到了选课学生的普遍认可，还有学生在撰写调研报告（参加"挑战杯"等学科竞赛）和分析财政相关实际问题（已有个别学生撰写学术论文并成功发表在学术期刊上）时用到了教学中介绍的相关方法。当然，教学内容的调整优化，既要把握好深度，也要把握好广度（郑文俊、王伟涛、钱加慧等，2022）。本文所分析的经管类本科专业基础课程教学内容的适度拓展，仅结合研究型大学本科人才培养的实际需要，讨论了教学内容深度的拓展问题。在教学内容的广度方面，由于教材所设计的内容具有很强的基础性和全面性，我们认为在教学中不宜再做大幅度的调整。同时，内容深度的拓展还要根据具体课程以及所选用教材的具体特点来确定。对于不同的课程，适宜拓展的知识点也需结合课程特点和课程体系设置来选择。拓展的内容，也不宜纳入课程最终成绩的考核范围。尽管如此，研究型大学本科专业基础课程有必要在教学内容深度上做一定的拓展，以为培养创新型、精英型人才奠定扎实的基础。

参考文献

[1] 曹强，虞文美. 基于模糊综合评价方法的财经类专业实验课教学效果研究 [J]. 实验室研究与探索，2018，37（6）：232-235.

[2] 陈怡琴. 加强财经类高校课程思政建设路径探析 [J]. 国家教育行政学院学报，2021（11）：89-95.

[3] 陈运森，郑登津. 财经类课程思政教学改革探索与实践：以《财务管理学》为例 [J]. 财务与会计，2022（23）：9-13.

[4] 程良宏，黄晓茜. 统编教材的载体属性及其学校化实施 [J]. 课程·教材·教法，2020，40（11）：28-35.

[5] 党传升，刘春惠. 构建研究型大学本科教育体系的探索与实践——以北京邮电大学为例 [J]. 中国大学教学，2011（3）：18-20.

[6] 邓毅. 基于应用型本科人才培养的《财政学》课程教学内容改革研究 [J]. 湖北经济学院学报（人文社会科学版），2012，9（1）：172-173.

[7] 樊丽明. 新文科建设：走深走实 行稳致远 [N]. 中国教育报，2021-05-10（5）.

[8] 高佳薇. 财政学课程教学内容整体优化研究与实践 [J]. 现代交际，2018（12）：154-155.

[9] 胡建元，张霞. 基于能力培养的经管类专业实践教学体系建设 [J]. 实验技术与管理，2017，34（12）：183-185+241.

[10] 江宏春，李元峰. 教材体系向教学体系的转化——基于《自然辩证法概论》课程教学的思考 [J]. 自然辩证法研究，2016，32（2）：114-119.

[12] 蒋洪，樊丽明，刘小兵. 培养学生社会责任和实践能力的财税教学内容与方法改革 [J]. 中国大学教学，2014（1）：52-55.

[13] 金恩斌. 经济类专业统计学原理教学内容改革刍议 [J]. 现代教育科学，2009（S1）：60-61.

[14] 金一斌. 提高高等教育质量 分类建设一流大学和一流学科 [J]. 中国高等教育，2020（23）：12-14.

[15] 兰草，朱娟蓉，徐晓辉. 研究型大学经管类专业实验教学内涵式发展研究 [J]. 实验室研究与探索，2017，36（7）：283-286.

[16] 李霄民，闻道君. 财经类院校数学建模课程教学内容体系研究 [J]. 重庆工商大学学报（自然科学版），2016，33（2）：125-128.

[17] 廖家勤. 科学发展观引领下"财政学"教学内容创新的思考 [J]. 中国大

学教学，2009（5）：63—66.

[18] 廖直东. 面向经济高质量发展阶段的《国有资产管理》课程教学内容改革［J］. 教育现代化，2018，5（40）：115—116＋132.

[19] 麦可思研究院. 2023年中国本科生就业报告［M］. 北京：社会科学文献出版社，2023.

[20] 谭术魁. 以习近平新时代中国特色社会主义经济思想统领房地产管理课程教学内容的创新探索［J］. 高等建筑教育，2023，32（2）：117—123.

[21] 田国强. 现代经济学的基本分析框架与研究方法［J］. 经济研究，2005（2）：113—125.

[22] 王维国，徐健，盖印. 经管类专业课程体系数智化升级与教学方法创新［J］. 中国大学教学，2022（3）：31—36.

[23] 王伟芳，景永平. 高素质应用型人才定位下实践教学问题与对策研究——以本科经管类专业为例［J］. 国家教育行政学院学报，2018（3）：56—62.

[24] 吴星泽. 财务管理教学内容扩展的路径与方法［J］. 财会月刊，2011（18）：108—110.

[25] 吴岩. 一流本科　一流专业　一流人才［J］. 中国大学教学，2017（11）：4—12＋17.

[26] 熊冬洋. 对财政学教学内容合理选择的思考［J］. 黑龙江教育（高教研究与评估），2010（8）：71—72.

[27] 杨波，黄嘉珍. 数字经济融入微观经济学教学内容的方案设计［J］. 商业经济，2021（4）：186—188.

[28] 杨莲娜，张庆亮. 高校财经类专业协同教学模式研究［J］. 黑龙江高教研究，2015（8）：148—150.

[29] 杨树林. 课、证、赛、团相融合的财经类专业课程教学改革与探索［J］. 中国职业技术教育，2019（5）：77—80.

[30] 杨晓东，甄国红，姚丽亚. 应用型高校专业课程思政教材建设关键问题之思［J］. 国家教育行政学院学报，2020（5）：68—75.

[31] 苑梅.《公共财政学》课程体系与教学内容改革［J］. 边疆经济与文化，2009（2）：135—136.

[32] 张为付，李逢春. 微课程教学在高校人才培养中的应用与实践——以财经类高校为例［J］. 江苏高教，2017（6）：63—65.

[33] 郑文俊，王伟涛，钱加慧，等. 如何把握《普通地质学》教学中的广度与深度［J］. 高校地质学报，2022，28（03）：322—326.

［34］周湘林，张梦瑶. 材料·元素·融入：经管类课程思政如何开展？——以新华网课程思政平台经管类课程为例［J］. 中国人民大学教育学刊，2024（1）：44－59.

［35］周叶中. 人才培养为本 本科教育是根——关于研究型大学本科教育改革的思考［J］. 中国大学教学，2015（7）：4－8.

跨学科教育推动拔尖创新人才培养的作用研究

——来自 S 大学的经验证据

周　沂[①]　马仁忠[②]　张艳霞[③]

（四川大学经济学院，四川成都，610065）

摘要：跨学科教育是培养拔尖创新人才的重要渠道，以课程要素组合方式实现的跨学科教育能够最大限度整合学校教学资源，拓宽跨学科培养的受益面。研究以 S 大学 2017—2018 级全体本科生为研究对象，以学生跨学科修读其他专业相关课程为接受跨学科教育的准自然实验，研究探讨跨学科教育对拔尖创新人才培养的作用及机制。运用 PSM 等方法解决选择性偏误造成的内生性问题后发现，相比未接受跨学科教育的学生，接受跨学科教育的学生具有更好的课业表现、学术能力和创新创业能力。同时，同一学科大类内部跨学科选课有助于提升学生课业学习成绩和学术能力，而在其他学科大类中跨学科选课则更利于学生提高创新创业能力。进一步地，跨学科教育的深度和广度同等重要，加深跨学科教育的深度更有利于学生创新创业能力的提高。研究评估了推进跨学科教育的重要性，为新一轮教育改革和跨学科教育模式探索提供了参考和启发：突破学科院系壁垒，组合课程促进拔尖创新人才培养；明确跨学科教育核心目标，因材施教提升跨学科培养效果；实现跨学科教育质优量简，为拔尖创新人才培养留足空间。

关键词：跨学科教育；拔尖创新人才；教育改革

一、引言

面临加速演进的百年未有之大变局和深入发展的新一轮科技革命及产业变

---

①　周沂（1988—），四川大学经济学院教授。

②　马仁忠（1999—），四川大学经济学院硕士研究生。

③　张艳霞（1985—），四川大学教务处教学运行科副科长。

革，培养拔尖创新人才在我国社会主义现代化强国建设中具有重要的引领地位。党的二十大报告指出，要"坚持为党育人、为国育才，全面提高人才自主培养质量，着力造就拔尖创新人才，聚天下英才而用之"[①]。创新是在国际竞争中掌握主动权的核心所在，人才是实现民族伟大复兴的关键资源，而跨学科教育是培养拔尖创新人才的重要渠道。高校作为教育强国建设的龙头，在培养拔尖创新人才的过程中具有主力军作用。2018年8月，教育部等三部委印发了《关于高等学校加快"双一流"建设的指导意见》[②]，提出"制定跨学科人才培养方案"，"探索跨院系、跨学科、跨专业交叉培养创新创业人才机制"。2023年2月，教育部等五部门印发了《普通高等教育学科专业设置调整优化改革方案》，提出"要打破学科专业壁垒，深化学科交叉融合，创新学科组织模式，改革人才培养模式"[③]，进一步为高校跨学科教育实施提出了新要求。随着时代的发展，社会问题逐渐变得愈发综合化、复杂化，仅掌握单一领域的专业知识无法解决复杂问题[④]。促进学科交叉融合，推动开展跨学科教育已成为高校学科发展的必然选择[⑤]。

当前，高等教育正经历从"自下而上、项目主导、科教分离"，向"注重顶层设计、学科深度交叉融合、科教结合、教研一体"的模式转变[⑥]。然而，在我国许多高校中，传统的专业教育仍然占据主导地位，教育资源按院系划分，相互间不开放。因此，跨学科教育在广度和深度上都亟须进一步发展，目前尚未形成一个真正以跨学科为核心的人才培养体系[⑦]。为了推动拔尖创新人才培育，各高校在新一轮的教育改革实践中正在努力摆脱单一知识结构的人才培养模式，并积极探索和尝试跨学科教育。一方面，"书院制"的建立，在一定程度上弥补了现有本科人才培养机制的不足，并在培养拔尖创新人才方面取得了显著成效。另一方面，部分高校结合社会发展需求和各学科特色推出了跨学科学位、专业和课程，进而拓宽了学生接受跨学科教育的途径。其中，跨学

---

① 习近平：《高举中国特色社会主义制度伟大旗帜　为全面建设社会主义现代化国家而团结奋斗——在中国共产党第二十次全国代表大会上的报告》，人民出版社，2022年，第33~34页。

② 教育部、财政部、国家发展改革委：《关于高等学校加快"双一流"建设的指导意见》，2018年。

③ 教育部、国家发展改革委、工业和信息化部、财政部、人力资源社会保障部：《普通高等教育学科专业设置调整优化改革方案》，2023年。

④ 崔颖：《高校课程体系的构建研究》，《高教探索》，2009年第3期，第90页。

⑤ 包水梅：《基于交叉融合的高等教育学学科发展理路》，《国家教育行政学院学报》，2021年第9期，第39页。

⑥ 黄俊平、陈秋媛、瞿毅臻：《交叉学科人才培养模式的探索与实践——以北京大学为例》，《学位与研究生教育》，2017年第5期，第39页。

⑦ 伍超、邱均平、苏强：《跨学科教育的三重审视》，《浙江社会科学》，2020年第8期，第136页。

科学位以双主修、主辅修以及双学位等形式实现；跨学科专业则具备多个领域交集的属性；而跨学科课程则超越了单一领域知识体系，整合了不同领域的知识、技术和方法。为使更多学生享受到跨学科教育的益处，通识教育以其跨领域性质成为一种常见方式。例如，北京大学要求申请成为通识核心课的课程必须符合"促进不同学科的交叉渗透"等 8 条标准①。四川大学则提出通识课程应该包括"跨学科交叉渗透，体现新工科、新医科、新文科的多学科思维融合"②。然而，在当前的教学管理体系下，由于必修课比例偏大且选课过程缺乏灵活性，因此许多情况下，学生选课首要考量因素是"好通过"，而非构建全面知识体系或促进个性发展。这样限制了通识及跨学科教育对拔尖创新人才培养潜力的发挥。那么，能否通过多元知识体系助推拔尖创新人才的培养？正确评价当前跨学科教育模式对加强高校内部资源整合、提升人才培养质量和拓延受益范围至关重要，并且对于高效率、低成本进行跨越式发展具有深远意义。

为提升跨学科教育质量，部分院校推出"跨学科选课"模式。S 大学在教学计划中引入了"跨学科专业教育"方案，该方案为学生预置了一定数量的主修学科、专业以外的课程，要求学生以选修方式修读一定学分方案内的课程，并允许以"任选"方式自由修读方案外的课程。这种将教育计划与学生个人兴趣结合、内外协同的跨学科教育模式，既实现了大学培养多元化人才的目标，也满足了学生发展自己跨领域知识和技能的需求。本研究以 S 大学本科生为研究对象，以学生通过"选修＋任选"方式跨学科修读其他专业必修课程作为跨学科教育的准自然实验，分析跨学科教育在拔尖创新人才培养方面的成效及其潜在机制。研究发现，相比未接受跨学科教育的学生，接受过跨学科教育的学生整体上拥有更好的课业表现、更强的学术能力和更多的创新创业成果。此外，研究指出，深化跨学科教育内容将进一步促进学生创新创业能力的提升。研究结果为高校新一轮教育改革和学科交叉模式下的人才培养提供参考和启发。

二、文献综述与研究假说

（一）文献综述

跨学科学主要包含跨学科教育和跨学科研究两个互为支撑的部分，后者建

---

① 北京大学教务部：《北大本科生选课手册》，2019 年 12 月。
② 四川大学财务部：《四川大学通识教育核心课程模块分类与内涵》，2024 年。

立在前者的基础上。跨学科教育的实施主要采用以下三种模式：第一种是通识教育模式，该模式核心在于打破学科藩篱，培养具有全面知识结构的学生。20世纪70年代哈佛大学文理学院推出的"核心课程计划"涵盖外国文化、历史、文学艺术、道德、自然科学和社会分析等六个广泛领域，要求学生在这些领域中选修8至10门课程，每一个领域至少选修1门课程，以期达到培养综合性人才的目的[①]。第二种模式是主辅修模式，允许学生选择一个或多个辅助学科进行深入学习，并需要达到规定的学分要求。这种模式分为"双学位"和"双专业"，"双学位"通常涉及主修学科以外的另一领域，而"双专业"则指在同一学科领域内修习两个不同的专业[②]。第三种模式是学际融合模式，它通过将相关学科整合，创设新的交叉学科，如边缘学科、横断学科、综合学科[③]。美国的STEM（Science，Technology，Engineering，and Mathematics）项目就是一个典型的实例，它通过融合科学、技术、工程和数学领域的知识，创设了新的跨学科教育模式[④]。在组织实施跨学科教育时，西方国家部分研究型大学主要利用学位、专业和课程三大要素，采取独立和组合的方式来培养跨学科人才。独立方式指的是各要素本身就具有跨学科性，如跨学科课程、专业和学位；而组合方式则是将非跨学科的要素组合起来，以达到跨学科的效果，比如跨学科课程组合、专业组合和学位组合[⑤]。科学创新不仅需要严密的逻辑思维，更源自形象思维和大胆联想，之后再通过逻辑推理进行验证。这种跨学科知识的融合与生产在当代的知识创新中扮演了重要角色，并被视为创新的重要动力[⑥]。它促进了学科间的互渗和交互，推动了新观点和新方法的产生。这一点在20世纪诺贝尔自然科学奖获得者的数据中得到体现，其中高达47.37%的研究工作涉及交叉学科研究[⑦]。

那么，跨学科教育推动拔尖创新人才培养的成效究竟如何？从拔尖创新人才的内涵出发，不同的时代对拔尖创新人才的认识和期望不同。拔尖创新人才

---

① 李曼丽：《哈佛核心课程述评》，《比较教育研究》，1998年第2期，第29页。

② 顾明远：《教育大辞典（第3卷）》，上海教育出版社，1991年，第19页。

③ 娄延常：《跨学科人才培养模式的多样性与理性选择》，《武汉大学学报（人文科学版）》，2004年第2期，第23页。

④ 陈涛：《跨学科教育：一场静悄悄的大学变革》，《江苏高教》，2013年第4期，第64页。

⑤ 张晓报：《独立与组合：美国研究型大学跨学科人才培养的基本模式》，《外国教育研究》，2017年，第44卷第3期，第6页。

⑥ 李立国、赵阔：《跨学科知识生产的类型与经验——以21世纪诺贝尔自然科学奖为例》，《大学教育科学》，2021年第5期，第21页。

⑦ 张春美、郝凤霞、闫宏秀：《学科交叉研究的神韵——百年诺贝尔自然科学奖探析》，《科学技术与辩证法》，2001年第6期，第64页。

是指能够在各个领域通过变革性思维引领发展，并为社会经济顺利转型做出突出贡献的个体[①]。他们需要具备以下特质：对科学问题持质疑和思辨的能力，解决复杂问题、整合知识、跨文化交流的能力；同时也需具有深厚的人文情怀和艺术修养，以及自信和坚韧不拔的特性[②]。相比之下，传统单一学科教育或专注于某一领域的教育模式无法如跨学科教育那样有效地拓宽学生视野，加深知识基础并丰富知识结构。跨学科教育能够培养学生整体观念，以及提升学生多角度分析及解决问题的能力，以使其成为拔尖创新人才[③]。当前，在全球范围内高等教育机构追求建设世界一流大学过程中，国内众多知名高校已纷纷投身于跨学科人才培育实践中。这些高校普遍采用多样化的跨学科培养方式，形成了并行多模式的跨学科教育体系，使得跨学科教育成为促进学科交叉融合、培养拥有卓越综合能力和创新能力的拔尖创新人才的关键策略，在新一轮教育改革中倍受关注。

（二）研究假说

当前，多样化的跨学科培养模式已在高等教育实践中得到广泛运用。一方面，"书院制"通过特有的管理方式、专业间的沟通、宿舍文化建设以及信息交流等手段，为学生营造了一个综合性和多元化的成长环境。这不仅开辟了培养拔尖创新人才的新路径，也证明了其效果。另一方面，主辅修、双学位等跨学科培养模式，基于知识相关性将至少两个不同专业或学科结合起来，为学生搭建了一个更全面的知识架构，从而为创新人才的培养提供了有效路径补充。然而，上述模式虽富有成效，但投入较高，在资源整合、受益范围扩展及模式推广等方面存在一定限制。而"跨学科选课"模式以"课程"为核心，以"组合"为实现手段，不仅能有效突破前述模式的局限，还能通过精心设计的培养方案发挥跨学科培养的最大优势。该模式对教育研究和实际应用具有重要价值。首先，在以课程要素组合实现的跨学科教育框架下，高校能够最大限度地利用现有教学资源，并引入灵活多变的人才培养方法来替代传统单一的培养策略。其次，该模式通过将高校跨学科培养目标与学生个人学习热情相结合，构建更为丰富且多元的课程结构及知识体系，并能够拓宽学生视野、提升学生知识融合能力，训练学生批判性思维和集成思维，从而对学生专业领域内部分或

---

① 高晓明：《拔尖创新人才概念考》，《中国高教研究》，2011年第10期，第67页。

② 沈悦青、刘继安：《基础学科拔尖创新人才培养要解决的两个关键问题——访上海交通大学原校长、中国科学院院士张杰》，《高等工程教育研究》，2022年第5期，第2页。

③ 卢建飞、吴太山、吴书光等：《基于交叉学科的研究生创新人才培养研究》，《中国高教研究》，2006年第1期，第47页。

全部课程表现产生深远、积极的影响。基于此，提出假说1：跨学科教育通过构建全面的知识体系，提升学生知识整合的能力，从而提高学生课业表现。

跨学科教育通过组合课程要素，突破了传统学科界限，使学生接触到更多领域的知识和方法，拓展了学术视野。这种教学模式激发了学生的探究精神，促进了学生对不同学科间联系的思考，增强学术敏感性和形成深层次思维。同时，它鼓励学生打破传统思维模式，不断开拓思维空间，为分析和研究问题提供了新角度。以自然科学和工程技术专业的学生为例，他们通常侧重于理性推导和数理逻辑，而人文社会科学专业的学生则更专注于文本解读和对社会现象的深入思考，偏向于感性理解和历史逻辑分析。实施跨学科选课使这两个专业的学生能够结合这两种思维方式，培养更全面的思维能力，更好地应对复杂问题并提出创新性解决方案。基于此，提出假说2：跨学科教育有利于拓展学术视野，增强学生学术敏感性和提升学生深思能力，从而提升其学术水平。

跨学科选课能够培养学生发散性思维并提升其创新创业能力。一方面，这种学习方式鼓励学生与不同学科的师生在课堂上及生活中进行互动交流，帮助他们打破传统学科思维限制，以多元视角审视问题，并激发其创新思维。另一方面，它使学生能够掌握跨学科的知识和技能，从而提升解决复杂问题的能力。例如，人文社会科学类学生跨学科修读课程时，可能会接触到其他领域的研究方法，如数据分析和创意设计，从而增强综合技能。这种多样化技能积累可为学生应对未来创新创业的挑战奠定坚实的基础。同样，当工科类学生涉猎文理交融的课程，如逻辑学、美学原理和现代科学思想时，他们的思维将获得启发，帮助他们在科学实践中提出独特的观点和解决策略，推动创新成果的诞生。基于此，提出假说3：跨学科教育有助于培养学生的发散性思维，增加其技能，从而提升其创新创业能力。

三、研究设计

（一）数据来源

作为研究型综合性大学，S大学采用"大类招生、大类培养"的教育模式，以确保学生在入学初期能够广泛接触多领域的专业知识。目前，S大学拥有37个学科型学院，开设了131个本科专业，涵盖了丰富的学科类别，拥有实施跨学科教育的优越条件。近年来，该校不断深化通识教育，强化学科交叉融合，积极探索新的跨学科选课模式。学校通过实施这些举措，以落实教育愿景——培养具有深厚人文底蕴、扎实专业知识、强烈创新意识、宽广国际视野的社会栋梁。依托这一教育理念，S大学已培养了一大批具有卓越综合能力和较强创新能力的学生。为了促进学生全面发展，S大学为学生设计了四种课程修读模式，即必修、选修、任选和辅修。各修读模式的具体细节如表1所示。

表1 S大学学生课程修读方式简介

修读方式	对应课程	特点
必修	公共基础课、学科基础课、专业核心课、跨学科必修课程	计划方案内，必须修读规定课程，成绩为评优升学重要指标
选修	专业选修课、模块通识课程群、跨学科课程	计划方案内，有最少学分要求
任选	校内任意开放课程	计划方案外，有最少学分要求
辅修	双学位课程	属于辅修专业培养方案

四种修读方式对应的跨学科课程修读具有不同的设置依据和侧重目标。具体而言，"必修"形式的跨学科修读主要由专业需求决定，例如，经济学专业学生需修读数学课程，这反映出专业特点而非跨学科教育目标。因此，本研究不将此类"必修"视为跨学科教育的一部分。相比之下，"选修"形式的跨学科修读既考虑了专业特色又体现了跨学科培养目标，通过将相关课程纳入培养方案并设定最低学分要求，鼓励学生根据兴趣和需要选修方案内部分课程。这些课程的成绩纳入学生的综合评价，但不影响评优升学的核心评价，更贴近跨学科教育精神。"任选"形式的跨学科修读则具有最大自由度，学生可以完全按照兴趣自主选择是否跨学科修读、修读何种课程。对多数学生而言，"选修＋任选"是主要的跨学科学习方式。这种方式既实现了学校的跨学科培养，又给予学生根据个人兴趣和需求自主选择的空间，仅设定了最低修读分数以防止过多课业负担对培养效果产生副作用。这样不仅最大限度地利用了教学资源，扩展了跨学科教育的覆盖范围，也有利于拔尖创新人才的培养。

本研究数据来源于S大学2017—2018级本科生的学业成绩和获奖记录。数据具备高度的全面性、可信性和代表性。为确保研究的准确性，我们只将通过"选修＋任选"方式跨学科修读某专业必修课程并取得及格成绩视为有效跨学科学习行为，排除了那些仅为了易于通过或满足专业要求而跨学科修读的情况。样本为S大学2017—2018级的全日制本科生，剔除了中外合作项目参与者、未报到新生和退学学生，共计16980名，来自33个学院。依据教育部发布的《普通高等学校本科专业目录（2012年）》[①]和S大学的课程目录[②]，研究将学生和课程分别归入10个和11个学科门类。本研究旨在通过比较接受与未接受跨学科教育的学生在课业表现、学术能力和创新创业能力方面的差异，探究跨学科教育对培养拔尖创新人才的影响。

（二）统计说明

表2展示了S大学2017—2018级本科生在10个学科门类中的分布及其跨学科学习情况，其中，理工类8912人，文史类5585人，医学类2483人。统计结果显示，随着近年来S大学全面推行跨学科教育，大部分学生至少有一次跨学科学习经历。其中，"艺术学"门类学生跨学科参与率最低，而"经济学"门类最高。

表2 2017—2018级各学科学生分布情况

学科大类	学科门类	学生数量（单位：人）	学生跨学科参与率（单位：%）	合计（单位：人）
文史类	哲学	69	92.75	5585
	经济学	1112	95.23	
	法学	500	72.20	
	文学	1209	75.77	
	历史学	207	81.64	
	管理学	1600	93.56	
	艺术学	888	71.62	
理工类	理学	1421	92.96	8912
	工学	7491	85.28	
医学类	医学	2483	85.22	2483

表3对比了接受与未接受跨学科教育学生在课业成绩、学术能力、创新创业能力上的表现。必修课程加权平均成绩是评估本科学业表现的关键指标，它对评优、升学和就业有显著影响，直接反映了学生的专业学习能力。毕业论文，作为本科生课程的终点，衡量了学生的综合学习能力、知识掌握情况以及

---

① 教育部：《普通高等学校本科专业目录（2012年）》，2012年。
② 仅保留了由学科型学院及各研究中心开设的课程，并根据S大学本科专业目录将相关课程按开课学院及中心对应到所属学科门类中。针对部分学院少数专业的学科门类与学院主体专业的学科门类不同的情况，本研究将此类专业学生修读的必修课调整到学生所属的学科门类中。

问题解决能力，体现了学生的学术能力。大学生创新创业竞赛，作为教育部"高等学校本科教学质量与教学改革工程"的重点建设内容，是推进教学模式改革、提高人才培养质量的重要途径，表现了学生的创新能力、社会洞察能力和团队合作能力。统计数据表明，接受跨学科教育的学生在这三个领域均优于未接受跨学科教育的学生，具有更高综合素质和更强创新能力。

表3 2017—2018级学生综合表现差异

项目	接受跨学科教育学生	未接受跨学科教育学生
必修课程加权平均成绩	83.44	82.34
毕业论文平均成绩	84.61	83.77
创新创业竞赛获奖率	10.3%	7.8%

（三）模型设计

本研究以学生是否通过"选修＋任选"方式跨学科修读其他专业必修课程并取得及格成绩，判定学生是否接受跨学科教育。拔尖创新人才培养注重专业知识基础、学术素养和创新创业能力。因此，本研究主要从成果方面考察跨学科教育在这三个方面对学生的影响。第一，核心课程成绩客观衡量了学生对本专业知识的掌握程度，反映其学习、分析和思考能力，是学生能力评价的核心指标。第二，毕业论文成绩综合衡量了学生研究水平和学术素养，反映其独立思考和解决问题的能力，是学生学术能力的直观表现。第三，以是否获得院级及以上的创新创业奖项为指标，考察学生的创新创业能力。"互联网＋"大学生创新创业大赛、"大学生创新创业训练计划项目"等创新创业竞赛作为团队合作项目，综合反映了学生学以致用和创新创业能力。基于此，本研究构建了两个模型：首先，运用高维固定效应模型，分别考察接受和未接受跨学科教育学生在学习、学术和创新创业能力上的差异；其次，引入核心解释变量和相关变量的交互项，在"广度"和"深度"层面剖析跨学科教育对拔尖创新人才的培养效果。具体模型设定如下：

$$Y_i = \alpha_0 + \alpha_1 CDE_i + \alpha_2 credit_i + \alpha_3 X_i + \lambda_i + \delta_p + \mu_t + \zeta_c + \varepsilon_i \quad (1)$$

其中，i代表学生，Y_i为表示学生课业表现$course_i$、学术能力$academy_i$和创新创业能力$innov_i$的结果变量。$course_i$以必修课程加权平均成绩衡量；$academy_i$以毕业论文成绩衡量；$innov_i$以参加的创新创业竞赛是否获奖衡量，获奖记为1，否则为0。CDE_i为核心解释变量，用以区分学生是否接受跨学科

71

教育，是记为 1，否记为 0；$credit_i$ 为学生跨学科修读课程的总学分，衡量了学生接受跨学科教育的数量；X_i 为控制变量。考虑到学生各方面的表现可能会受到选课数量、学制等因素的影响，并且其各项能力还与高考成绩、生源地、性别、院系等因素密切相关①。模型中控制了学生的选课总学分、高考得分率、学制和性别，并且添加了籍贯（δ_p）、民族（λ_i）、年级（μ_t）、院系（ζ_c）固定效应，ε_i 为随机扰动项。鉴于 S 大学已在全校范围推广"跨学科选课"模式，β_1 和 β_2 是本文主要关注的系数，分别表示学生是否接受跨学科教育和接受跨学科教育的数量对学生学习、学术和创新创业能力的影响，即跨学科教育对学生拔尖创新能力的影响。

$$Y_i = \beta_0 + \beta_1 CDE_i + \beta_2 credit_i + \beta_3 CDE_i \times credit_i + \beta_4 score_i +$$
$$\beta_5 CDE_i \times score_i + \beta_6 X_i + \lambda_i + \delta_p + \mu_t + \zeta_c + \varepsilon_i \qquad (2)$$

其中，$score_i$ 为学生跨学科修读课程的加权平均成绩，交互项用以剖析跨学科教育的"广度"和"深度"对其培养拔尖创新人才效果的影响，其他变量解释同上。

表 4 为关键变量的描述性统计结果。首先，学生的课业表现差异较大，反映出学生在学习能力方面的差异。其次，创新创业竞赛获奖学生只占全体学生的 29.9%，反映出学生在创新创业能力方面具有显著差异。最后，当界定是否完成跨学科修读的成绩门槛从 60 分增加到 80 分时，学生的跨学科修读平均学分减少了 2.01，说明在跨学科学习过程中取得较高分数并非易事，不同学生对不同领域知识的理解和掌握程度具有较大差异，这些差异可能进一步导致跨学科教育的培养效果不同。

表 4　主要变量的含义及描述性统计

变量名称	变量含义	观测值	均值	标准差	最小值	最大值
CDE	是否跨学科修读课程	16980	0.856	0.352	0	1.000
$credit$	跨学科修读课程总学分	16980	13.436	9.449	0	90.500
CDE_80	是否跨学科修读课程（80分界定门槛）	16980	0.817	0.386	0	1.000
$credit\_80$	跨学科修读课程总学分（80分界定门槛）	16980	11.423	8.363	0	79.000

---

① 汪朝杰、谭常春、汪慧：《大学生在校成绩与高考成绩的统计分析》，《大学数学》，2013 年，第 29 卷第 4 期，第 86 页。

变量名称	变量含义	观测值	均值	标准差	最小值	最大值
CSB	选课总学分（选修和任选修读的总学分）	16980	41.586	13.546	8.000	248.500
score	学生跨学科修读课程的加权平均成绩	16769	86.263	4.673	60.000	100.000
CB	要求总学分	16904	174.624	32.34	100.000	365.000
ES	学制	16980	4.134	0.529	4.000	8.000
gender	性别	16980	0.515	0.500	0	1.000
HSEE	高考得分率（学生高考成绩占本省高考总分百分比）	16523	0.805	0.086	0.105	1.146
minor	是否辅修	16980	0.072	0.259	0	1.000
course	课业表现（学生必修课程加权平均成绩）	16980	83.282	6.237	21.285	96.056
academy	学术能力（毕业论文成绩）	15631	84.485	8.229	0	100.000
innov	学生创新创业竞赛获奖情况（院级及以上）	16980	0.100	0.299	0	1.000

四、实证结果

（一）基准回归结果

本研究基于 S 大学 16980 名学生的数据，以"及格"和"良好"成绩标准作为界定学生是否完成跨学科修读的门槛。对模型（1）进行估计，基准回归结果见表 5。列（1）显示，当门槛成绩为 60 分时，接受跨学科教育的学生在课业表现方面比未接受跨学科教育的学生平均高出 0.865 分。列（2）显示，接受跨学科教育的学生在学术能力方面比未接受跨学科教育的学生平均高出 0.908 分。这说明学生通过跨学科学习拓宽了学术视野，提升了分析和解决问题的能力。列（3）显示，接受跨学科教育的学生在创新创业竞赛中获奖概率比未接受跨学科教育的学生平均高出 2.4%。*credit* 显著为正，表明随着跨学科修读课程总学分的增加，学生通过跨学科学习锻炼并提升了知识整合及理解、系统化学习能力、课业表现、学术能力和创新创业能力都得到了提高。当跨学科选课的课程门槛成绩提高为 80 分时，接受跨学科教育的学生在这三方面表现仍然显著优于未接受跨学科教育的学生，见（4）（5）（6）列。此外，通过对比发现，随着门槛成绩提高，跨学科学习对学生能力的提升作用变得更加明显。这说明学生对跨学科内容的掌握程度会影响跨学科教育的培养效果，夯实跨学科知识基础更有利于学生综合能力的提高。此外，所有回归结果中，选课总学分 CSB 的系数均在 1% 的显著水平上显著为负，表明学生综合表现会随着学生选课学分的增加而显著降低，表明以"任选+选修"方式修读过多课程反而会对学生综合能力产生负面影响，学生选课需要遵循适度原则。

表 5　基准回归结果

变量	课程成绩及格（60 分）为门槛			课程成绩良好（80 分）为门槛		
	课业表现	学术能力	创新创业能力	课业表现	学术能力	创新创业能力
	（1）	（2）	（3）	（4）	（5）	（6）
CDE	0.865*** (0.157)	0.908*** (0.238)	0.024*** (0.007)	1.359*** (0.149)	1.060*** (0.220)	0.018*** (0.007)
$credit$	0.077*** (0.008)	0.046*** (0.011)	0.001** (0.000)	0.157*** (0.008)	0.103*** (0.012)	0.002*** (0.000)
CSB	−0.101*** (0.007)	−0.062*** (0.012)	−0.001*** (0.000)	−0.116*** (0.007)	−0.072*** (0.011)	−0.001*** (0.000)
ES	0.346*** (0.070)	0.676 (0.432)	−0.013*** (0.004)	0.263*** (0.069)	0.882** (0.433)	−0.013*** (0.004)
$gender$	−2.532*** (0.092)	−1.500*** (0.141)	−0.028*** (0.005)	−2.325*** (0.091)	−1.345*** (0.139)	−0.025*** (0.005)
$HSEE$	8.560*** (0.943)	1.115 (1.846)	0.101** (0.043)	8.475*** (0.930)	1.077 (1.840)	0.102** (0.043)
$minor$	0.995*** (0.131)	0.439** (0.219)	0.040*** (0.011)	0.835*** (0.131)	0.326 (0.219)	0.038*** (0.011)
R−squared	0.211	0.088	0.043	0.237	0.095	0.044
观测值	16515	15202	16515	16515	15202	16515
年级	Y	Y	Y	Y	Y	Y
籍贯	Y	Y	Y	Y	Y	Y
民族	Y	Y	Y	Y	Y	Y
院系	Y	Y	Y	Y	Y	Y

（二）内生性检验

在探究跨学科教育对培养拔尖创新人才的作用时，还有一种可能性：接受跨学科教育的学生在综合表现上优于未接受跨学科教育的学生，是因为他们本身更为优秀，而并非或不完全因为接受了跨学科教育。为了排除这一可能性，本研究采用倾向得分匹配模型（Propensity Score Matching Model，PSM）进行估计（Rosenbaum 和 Rubin，1983）。由于籍贯、民族的不同会带来学生学习成绩和能力的差异，而高考成绩能较好地反映考生的学习水平，性别差异也会导致各科成绩的不同。因此，本文选用学生的籍贯、民族、高考得分率、性别、院系和年级这六个变量，匹配出在接受大学教育前能力水平可比的学生，将倾向得分值最接近的学生选为接受跨学科教育学生的配对学生。这种方法可以最大限度地减少不同学生在学习能力、受教育水平等方面存在的系统性差异，从而减少估计偏误。表 6 展示了最终匹配得到的观测值对模型（1）进行回归的结果。结果显示，在利用 PSM 方法后，接受跨学科教育的学生在课业表现、学术能力和创新创业能力方面依然显著优于未接受跨学科教育的学生。PSM 估计结果与基准回归结果无显著差异，进一步支撑了前文的实证结论，即在排除可能存在的样本选择偏误后，接受跨学科教育的学生具有更高的综合能力，跨学科教育有助于拔尖创新人才培养。

表 6　匹配后回归结果

变量	（1） 课业表现	（2） 学术能力	（3） 创新创业能力
CDE	0.898*** (0.157)	0.946*** (0.240)	0.024*** (0.007)
credit	0.077*** (0.008)	0.045*** (0.012)	0.001** (0.000)
CSB	−0.101*** (0.007)	−0.065*** (0.012)	−0.001*** (0.000)
ES	0.381*** (0.077)	0.788* (0.471)	−0.012** (0.005)
gender	−2.573*** (0.093)	−1.534*** (0.147)	−0.028*** (0.005)
HSEE	9.324*** (0.919)	1.663 (1.875)	0.102** (0.043)

变量	(1) 课业表现	(2) 学术能力	(3) 创新创业能力
minor	0.979*** (0.132)	0.414* (0.226)	0.041*** (0.011)
R－squared	0.213	0.085	0.042
观测值	16250.000	14523.000	16250.000
年级	Y	Y	Y
籍贯	Y	Y	Y
民族	Y	Y	Y
院系	Y	Y	Y

为了进一步确保估计结果的可靠性和稳定性，本研究考虑了回归结果是否受到非观测因素的影响。虽然在前文的基准回归中，已经控制了学生的高考成绩、性别、籍贯、民族、院系、年级等可能影响结果的因素，但仍然可能有其他不可观测的因素对结果产生影响。对此，本文通过安慰剂检验方法对被遗漏的可能影响估计结果的学生特征进行间接检验。根据估计式（1），CDE_i 的估计值 β_1 的表达式如下：

$$\beta_1 = \beta + \gamma \frac{\mathrm{cov}(CDE_i, \varepsilon \mid z)}{\mathrm{var}(CDE_i, \varepsilon \mid z)} \tag{3}$$

其中，z 表示所有涉及的控制变量，如果 $\gamma = 0$，那么非观测因素不会干扰回归，即 β_1 是无偏的。然而，直接检验 γ 是否等于 0 较为困难，本研究考虑先用某变量替代 CDE_i，且这个变量理论上对结果变量 Y_i 没有影响，即 $\beta = 0$，在此基础上如果能得出 $\beta_i = 0$，那么就能推导出 $\gamma = 0$。因此，让是否接受跨学科教育对学生拔尖创新能力的影响变得随机，并让这个随机过程重复 500 次，保证是否接受跨学科教育不会对相应的结果变量产生影响，即 $\beta_{random} = 0$。该情况下，同时估计出 β_1^{random} 均值，并在图 1 中展现出所估计的 500 个 β_1^{random} 的分布。可以发现，500 次随机过程中 β_1^{random} 都集中分布在 0 的附近，因此可以反推出 $\gamma = 0$，从而证明未观测的学生特征几乎不会对回归结果产生影响。由此证明，跨学科教育对学生的课业表现、学术能力和创新创业能力产生了影响。

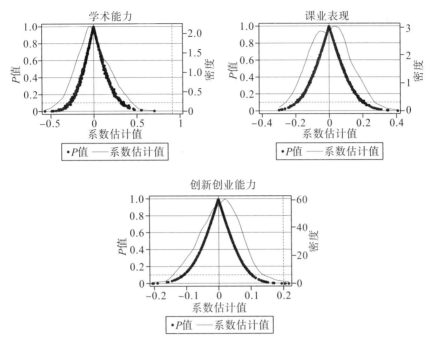

图1　随机处理后的 β_1^{random} 的分布（安慰剂检验）

（三）异质性分析

前文从课业、学术和创新创业方面检验了跨学科教育对拔尖创新人才培养的作用。随着新理科、新医科、新文科建设的持续推进及"文理渗透""工医结合"等要求相继提出，本研究进一步将样本分为文史、理工、医学三个学科大类，分别讨论不同大类学生跨学科修读相关课程对综合表现的影响。具体而言，文史类包括哲学、经济学、法学、文学、历史学、管理学、艺术学，理工类包括理学、工学，医学类包括医学。学生在不同学科大类的具体分布情况如表2所示。

图2展示了文史类学生跨学科修读不同学科大类课程对其综合表现的影响。结果显示，当文史类学生在大类内部跨学科修读相关课程时，核心解释变量系数在课业表现、学术能力、创新创业能力均显著为正，说明在大类内部跨学科修读的文史类学生在这三方面表现上均优于其他文史类学生。因为文史类不同学科间具有高度的相关性、互补性，在文史类内部跨学科学习可以帮助学生构建更为全面的人文、社科领域知识体系，从而有助于学生成为拔尖创新人才。当文史类学生在大类外跨学科修读相关课程时，学生的创新创业能力显著优于其他文史类学生，说明文理交叉、文医交叉能够帮助文史类学生开阔眼

界、丰富技能，带来思维的创新火花。然而，结果显示，随着跨学科修读理工、医学类课程学分的增加，文史类学生获得创新创业奖项的概率分别为没有显著变化和显著降低，说明过多跨越大类边界的课程修读可能会对文史类学生的创新创业能力产生负面影响。因为理工、医学类课程专业性强，学习门槛高，过多修读可能会加重文史类学生的课业负担，不利于综合能力的提升。

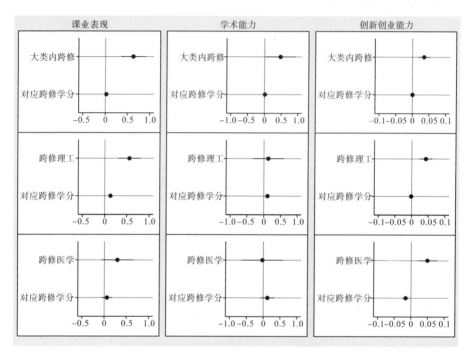

图2　文史类学生综合表现回归结果

图3展示了理工类学生跨学科修读不同学科大类课程对其综合表现的影响。首先，当理工类学生在大类内部跨学科修读相关课程时，核心解释变量系数在课业表现和学术能力中显著为正，说明在大类内部跨学科修读的理工类学生在这两方面表现优于其他理工类学生。因为理、工学科之间的课程关联性强、契合度高，跨学科修读有助于学生构建专业知识体系，提高专业素养。然而，在创新创业能力的回归结果中，核心解释变量系数并不显著，这表明在大类内部跨学科修读相关课程时，学生创新创业能力与其他理工类学生并无显著差异。因此，对于理工类学生而言，除了专业学习外，还需要注重其他领域相关知识的学习。其次，理工类学生在跨学科修读文史和医学类课程时，尽管综合表现未显著优于其他未修读的理工类学生，但部分学分系数显著为正。研究认为，理工大类专业教育对学生的课业表现、学术能力及创新创业能力影响更

大，跨大类修读对理工类学生的影响更多体现在软实力方面。例如，跨学科修读文史类课程可以提高理工类学生的人文素养和增加文化底蕴，加深其对社会运行规律的理解，虽然不对专业综合能力产生直接影响，但对培养高素质人才仍然具有重要作用。

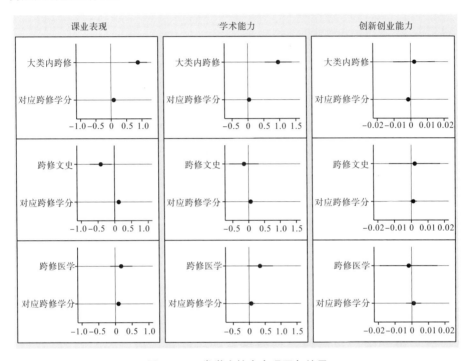

图3　理工类学生综合表现回归结果

图4展示了医学类学生跨学科修读不同学科大类课程对其综合表现的影响。首先，当医学类学生跨学科修读文史类课程时，学生的学术能力显著高于其他医学类学生，反映出跨学科修读文史类课程可以锻炼学生文字表达和逻辑思考能力，进而提升学生学术方面的能力。其次，当医学类学生跨学科修读理工类课程时，学生的课业表现、学术能力显著高于其他医学类学生，说明学习相关理工类课程可以提高医学生专业技能，更有助于高水平医学人才的培养。这再次验证了当前推动"新医科"建设以及促进"医＋X"专业设立的前瞻性和合理性。值得注意的是，在各大高校中，由于管理模式、校区布局等，医学院相对独立，并且由于专业特点，医学生的课业负担较重。因此，他们接受跨学科教育的机会可能较少，且跨学科教育多安排在低年级阶段，对其影响相对有限。因此，在部分回归结果中，医学类学生的跨学科培养效果可能不如其他学科大类学生明显。本研究认为，结合学科特色优化跨学科方案设计对医学生

至关重要。

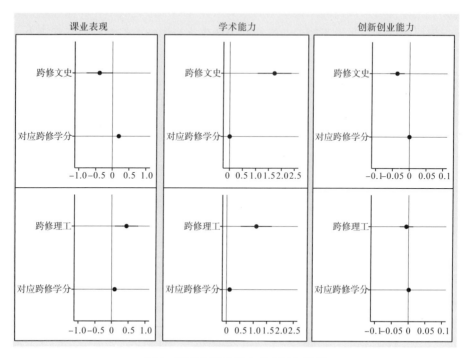

图 4 　医学类学生综合表现回归结果

五、进一步讨论：跨学科教育要深度还是广度？

跨学科选课模式以课程为核心，以组合为实现方式，通过构建多元化课程结构，克服了专业教育中"广度"不足的问题[①]。然而，学生在选课过程中可能存在避难就易、隐形逃课等功利主义倾向，给跨学科教育培养拔尖创新人才目标的实现带来了严峻挑战。高校亟须全面提升课程质量，优化培养方案设计，以加深培养的"深度"化解跨学科教育之"困局"。基于此，引入了跨学科修读课程总学分（credit）和加权平均成绩变量（score），与核心解释变量构成交互项。前者以学分量化了学生跨学科学习经历，反映学生接受跨学科教育的广度；后者以成绩衡量了学生对课程知识的掌握程度，反映学生在跨学科教育中的受益程度，代表跨学科教育深度。为了避免变量间高度相关导致多重共线性问题，本研究在构建交互项之前首先对上述变量进行了数据中心化处

---

① 韩慧、赵国浩：《高校学分制改革的研究与实践——以 S 高校为例》，《教育理论与实践》，2015 年，第 35 卷第 3 期，第 3 页。

理。基于此，对模型（2）进行估计，结果见表 7。

表 7 中列（1）（2）显示，在课业表现和学术能力方面，代表跨学科教育广度和深度的交互项系数均显著为正。随着学生跨学科修读总学分和成绩的提高，跨学科教育对学生课业表现和学术能力的提升效果增强，反映出更广泛领域的学习和更深入的知识理解有利于提升跨学科教育的培养效果。列（3）显示，在创新创业能力方面，代表跨学科教育广度的交互项系数不显著，跨学科教育对学生创新创业能力的提升作用并不会随着修读学分的增加而增强，反映出跨学科教育对学生创新创业能力的提升效果并不直接与跨学科教育的广度挂钩。代表跨学科教育深度的交互项系数显著为正，说明加强跨学科教育的深度有助于增强跨学科教育对学生创新创业能力的提高作用。通过比较代表广度和深度的交互项的回归系数及显著性水平，可以发现后者系数更大，显著性水平更优，表明跨学科教育的深度相比于广度对其培养效果的提升作用更强。因此，跨学科教育除了重视培养广度以开阔学生视野外，还要注重提高课程质量、优化教学方法，来提高学生在跨学科教育中的受益程度。

表 7 进一步讨论回归结果

变量	广度与深度			要求总学分		
	（1）课业表现	（2）学术能力	（3）创新创业能力	（4）课业表现	（5）学术能力	（6）创新创业能力
CDE	1.634*** (0.189)	1.482*** (0.310)	0.028*** (0.009)	0.865*** (0.156)	0.957*** (0.267)	0.023*** (0.007)
$credit$	−0.025 (0.020)	−0.051* (0.030)	0.000 (0.001)	0.078*** (0.008)	0.049*** (0.011)	0.001** (0.000)
$CDE \times credit$	0.096*** (0.020)	0.092*** (0.030)	0.001 (0.001)	—	—	—
$score$	0.391*** (0.027)	0.246*** (0.037)	0.003*** (0.001)	—	—	—
$CDE \times score$	0.115*** (0.030)	0.094** (0.042)	0.002* (0.001)	—	—	—
CB	—	—	—	0.006 (0.005)	−0.016 (0.021)	0.000 (0.000)
$CDE \times CB$	—	—	—	−0.004 (0.003)	0.005 (0.013)	−0.001*** (0.000)

续表

变量	广度与深度			要求总学分		
	(1) 课业表现	(2) 学术能力	(3) 创新创业能力	(4) 课业表现	(5) 学术能力	(6) 创新创业能力
CSB	−0.071*** (0.007)	−0.041*** (0.011)	−0.001*** (0.000)	−0.101*** (0.007)	−0.065*** (0.012)	−0.001*** (0.000)
ES	0.162** (0.067)	0.558 (0.439)	−0.015*** (0.004)	0.257* (0.148)	1.187 (0.783)	0.000 (0.011)
gender	−1.526*** (0.088)	−0.799*** (0.139)	−0.018*** (0.005)	−2.537*** (0.093)	−1.519*** (0.141)	−0.028*** (0.005)
HESS	6.740*** (0.889)	0.212 (1.821)	0.087** (0.043)	8.462*** (0.947)	0.829 (1.848)	0.104** (0.043)
minor	0.791*** (0.124)	0.289 (0.216)	0.039*** (0.011)	1.007*** (0.132)	0.444** (0.219)	0.039*** (0.011)
R−squared	0.324	0.117	0.048	0.212	0.090	0.043
观测值	16305	15013	16305	16442	15129	16442
年级	Y	Y	Y	Y	Y	Y
籍贯	Y	Y	Y	Y	Y	Y
民族	Y	Y	Y	Y	Y	Y
院系	Y	Y	Y	Y	Y	Y

随着高校学分制改革的不断深化，学生课程结构设置的科学性在人才培养过程中受到越来越多的关注。然而，在实践中，学生需要修读的必修课程比例往往过大①，培养方案过于单一化，导致学生必修课业负担过重、选课缺乏灵活性等问题突出。这些问题限制了选修和任选课程对综合型创新人才培养发挥作用。基于此，本研究在模型（1）中增加了衡量学生课业负担的"要求总学分"（CB）变量，并对其进行数据中心化处理。进一步构造该变量与"是否跨学科选课"变量的交互项 CDE×CB，以评估学生课业负担对跨学科教育培养效果的影响，结果如表 7 中列（4）～（6）显示，在课业表现和学术能力方面，交互项的系数不显著，说明更多的课程修读学分要求并不会影响跨学科教

---

① 郑昱、蔡颖蔚、徐骏：《跨学科教育与拔尖创新人才培养》，《中国大学教学》，2019 年第 Z1 期，第 38 页。

育对学生学习和学术能力的提升作用。这反映了 S 大学根据专业教育目标为学生设置的课程修读学分要求相对合理，与强化学生专业知识基础、提高专业素养的目标相契合。然而，在创新创业能力方面，交互项的系数在 1‰ 的显著水平上为负，反映出更多的课程修读学分要求会削弱跨学科教育对学生创新创业能力的提升作用，过重的课程负担不利于最大化发挥跨学科教育的培养效果。因此，学校应进一步完善学分制度、优化培养方案，以课程结构优化和质量提升为切入点，努力实现课程量的减少，质的提升，找到夯实专业基础与提升创新能力的最佳平衡点，为拔尖创新人才留足空间。

六、结论与政策建议

开展跨学科教育，推动学科交叉融合是培养拔尖创新人才的关键途径。当前，探索推行跨学科教育模式，培养时代所需的拔尖创新人才是高校发挥教育龙头作用的重要使命。跨学科教育的不同模式各有优势和局限，以课程要素组合方式实现的跨学科教育通过扩大培养受益面，提高资源配置效率，对提升高校整体教学水平，培养具备卓越综合素质的拔尖创新人才具有重要作用。"选修＋任选"跨学科选课模式是 S 大学进行学科交叉培养探索的载体之一，旨在培育具有人文底蕴、扎实专业知识、强烈创新意识、宽广国际视野的社会栋梁。本研究以 S 大学 2017—2018 级全体本科生为研究对象，在控制内生性的基础上通过回归分析，揭示了跨学科教育和拔尖创新人才培养之间的关系，分析 S 大学实施的跨学科教育模式对拔尖创新人才培养的作用。

研究结果表明：首先，接受跨学科教育的学生整体上取得更优异的课业成绩、毕业论文成绩和创新表现，即该模式有助于学生完善知识体系、拓展学术视野并提高其思维能力、知识整合和研究能力以及储备创新性思维和创新创业能力。其次，在不同学科大类下开展跨学科选课对不同学科学生能力提升的影响不同。总体而言，在同一学科大类内部跨学科选课主要提升学生学习和学术能力，在其他学科大类中跨学科选课主要提升学生创新创业能力，即跨学科教育需要"因材施教"。再次，在培养拔尖创新人才的过程中，提高跨学科教育的"深度"和"广度"同等必要，且更具"深度"的跨学科教育对学生创新创业能力的提升作用更为显著。最后，过多的课程学分要求和选课数量会削弱跨学科教育对学生创新创业能力的提升作用，不利于拔尖创新人才的培养，即在培养过程中需要坚持"适度原则"。

S 大学作为全国规模领先的高水平综合性研究型院校，在推进跨学科人才培养、促进学科交叉融合方面具有示范效应，为将来推广跨学科教育，推动高校教育模式改革和教育方法创新提供了参考和启发。本文提出以下政策建议：

（1）突破学科院系壁垒，组合课程，促进拔尖创新人才培养。传统的单学科教育模式已不足以培养具有广泛综合能力的创新型人才。因此，高校需要打破院系之间的隔阂，共享教学资源，并基于社会需求、学校优势及学科特色，定制跨学科课程体系。这不仅能优化课程结构，动态调整跨学科培养计划，还能科学指导学生选择适合的跨学科学习路径，甚至实现跨学科领域知识的融合与交叉，培养出更具综合素质和创新能力的顶尖人才。

（2）明确跨学科教育的核心目标，因材施教提升培养效果。跨学科教育的本质在于培育学生的批判性、发散性和整合性思维，以孕育创新思维和创造力。高校应依据学科特色，为学生"量身定制"科学合理的跨学科培养方案。在文史教育中，应围绕文理融合和多学科交叉，引入新的理论和实践，以培养具有应用能力的复合型文科人才。对理工类教育而言，不仅需深化学生基础学科知识，还应培养学生跨学科思维和人文素质等软技能，通过跨学科的融合模式，培养出满足现代需求的高素质工程师。而在医学教育中，应推动医学与其他学科的结合，如医工、医理、医文等，推进"医学＋X"多学科背景的复合型创新拔尖人才培养。

（3）实现跨学科教育质优量简，为拔尖创新人才培养留足空间。在拔尖创新人才的培养过程中，过重的课业负担反而阻碍了学生的全面发展。因此，找到夯实专业基础与提升创新能力之间的最佳平衡点对高校教育目标的实现至关重要。首先，高校应改善学分制度，适当增加选修课比重，提供更大的选课自由度，并采用灵活的教学安排，让学生按照自己的特点和节奏规划学习。其次，鼓励教师探索新兴领域，更新课程内容，并结合研究，提供深层次的跨学科知识，激发学生的创新创造力。最后，高校应提高课程质量并引入竞争机制，在评估中考虑激发创新能力等多维度因素，通过优化课程结构为学生个性化成长预留空间，进而促进顶尖创新人才的成长。

参考文献

[1] 郑昱，蔡颖蔚，徐骏. 跨学科教育与拔尖创新人才培养 [J]. 中国大学教学，2019（Z1）：36－40.

[2] 崔颖. 高校课程体系的构建研究 [J]. 高教探索，2009（3）：88－90.

[3] 包水梅. 基于交叉融合的高等教育学学科发展理路 [J]. 国家教育行政学院学报，2021（9）：39－46＋66.

[4] 黄俊平，陈秋媛，瞿毅臻. 交叉学科人才培养模式的探索与实践——以北京大学为例 [J]. 学位与研究生教育，2017（5）：39－42.

[5] 伍超，邱均平，苏强. 跨学科教育的三重审视 [J]. 浙江社会科学，2020 (8)：134－139＋147＋160.

[6] 李曼丽. 哈佛核心课程述评 [J]. 比较教育研究，1998 (2)：30－33.

[7] 顾明远. 教育大辞典（第 3 卷）[M]. 上海：上海教育出版社，1991：19.

[8] 娄延常. 跨学科人才培养模式的多样性与理性选择 [J]. 武汉大学学报（人文科学版），2004 (2)：232－236.

[9] 陈涛. 跨学科教育：一场静悄悄的大学变革 [J]. 江苏高教，2013 (4)：63－66.

[10] 张晓报. 独立与组合：美国研究型大学跨学科人才培养的基本模式 [J]. 外国教育研究，2017，44 (3)：3－15.

[11] 李立国，赵阔. 跨学科知识生产的类型与经验——以 21 世纪诺贝尔自然科学奖为例 [J]. 大学教育科学，2021 (5)：14－23.

[12] 张春美，郝凤霞，闫宏秀. 学科交叉研究的神韵——百年诺贝尔自然科学奖探析 [J]. 科学技术与辩证法，2001 (6)：63－67.

[13] 高晓明. 拔尖创新人才概念考 [J]. 中国高教研究，2011 (10)：65－67.

[14] 沈悦青，刘继安. 基础学科拔尖创新人才培养要解决的两个关键问题——访上海交通大学原校长、中国科学院院士张杰 [J]. 高等工程教育研究，2022 (5)：1－5＋79.

[15] 卢建飞，吴太山，吴书光，等. 基于交叉学科的研究生创新人才培养研究 [J]. 中国高教研究，2006 (1)：46－48.

[16] 汪朝杰，谭常春，汪慧. 大学生在校成绩与高考成绩的统计分析 [J]. 大学数学，2013，29 (4)：79－86.

[17] 李琨，徐锟，刘志强，等. 基于 GIS 的大学生成绩地域性差异分析 [J]. 内蒙古师范大学学报（教育科学版），2015，28 (7)：31－34.

[18] 王晓婷，冯宁，谢慧玲. 从学生角度分析新疆某医科院校校院两级抽考模式的影响因素 [J]. 新疆医科大学学报，2017，40 (5)：693－696.

[19] 王汉清，况志华，王庆生，等. 大学生学习成绩与创新能力相关分析 [J]. 南京理工大学学报（社会科学版），2008 (1)：87－94.

[20] 郭继东. 研究生英语学习动机与成绩、性别之关系研究 [J]. 外语界，2009 (5)：42－49.

[21] 韩慧，赵国浩. 高校学分制改革的研究与实践——以 S 高校为例 [J]. 教育理论与实践，2015，35 (3)：3－5.

［22］ROBINSON C，SCHUMACKER R E. Interaction effects：centering，variance inflation factor，and interpretation issues ［J］. Multiple Linear Regression Viewpoints，2009，35（1）：6—11.

［23］郑昱，蔡颖蔚，徐骏. 跨学科教育与拔尖创新人才培养 ［J］. 中国大学教学，2019（Z1）：36—40.

大学本科财政学课程教学改革：
以数字化教学为例

祝梓翔[①]

（四川大学经济学院，四川成都，610065）

摘要：财政学作为大学本科经济管理类专业学生的重要课程，对学生后续学习和职业发展具有重要意义。然而，当前财政学课程教学存在诸多问题，包括教学内容设计不合理、教学方法单一、学习效果不佳等。本文以数字化教学为例，探讨如何通过数字化教学手段进行财政学课程的教学改革。本文通过分析数字化教学在财政学课程中的应用现状和效果，提出了一系列可行的改革方案和实施策略。这些方案包括教学内容设计的创新、教学方法的多样化、教学资源的数字化开发等方面的措施。通过数字化教学的应用案例分析，探讨数字化教学在财政学课程中的实际效果和经验教训；同时，对数字化教学在财政学课程教学改革中可能面临的挑战进行分析，并提出相应的应对策略。最后总结研究结果，强调数字化教学在财政学课程教学改革中的作用和意义，展望未来数字化教学的发展方向，并提出进一步研究的建议。

关键词：大学本科财政学课程；教学改革；数字化教学；教学方法创新

一、引言

随着信息技术的快速发展，数字化教学已经在高等教育中得到了广泛的应用。财政学作为经济管理类专业的重要组成部分，对于学生的学习和职业发展具有至关重要的意义。然而，传统的课堂教学方式在满足学生需求和提升学习效果方面已经显现出一定的局限性。因此，本文将探讨如何运用数字化教学手

---

① 祝梓翔（1985—），四川大学经济学院副教授。

段进行大学本科财政学课程的教学改革。在介绍数字化教学在高等教育中的普及情况和对传统课堂教学的影响时，我们可以发现，数字化教学以其灵活性、互动性和个性化特点，为教学模式的创新提供了广阔的空间。数字化教学不仅可以丰富教学内容和方法，还可以提升学生的学习兴趣和参与度，促进学生的自主学习和合作学习。

本文的研究目的和意义在于，通过分析数字化教学在财政学课程中的应用现状和效果，提出一系列可行的教学改革方案和实施策略，以期达到提高教学效果、激发学生学习兴趣、培养学生创新能力和实践能力的目的。本文将围绕数字化教学在财政学课程中的应用进行深入研究，旨在为大学本科财政学课程的教学改革提供新的思路和方法。

本文将按照以下结构展开论述：首先回顾数字化教学在高等教育中的普及情况和对传统课堂教学的影响，其次探讨大学本科财政学课程教学存在的问题和挑战，再次提出基于数字化教学的财政学课程教学改革方案，进而分析数字化教学在财政学课程中的应用案例，描述改革实施与评估过程，最后总结挑战与应对策略，展望数字化教学在财政学课程教学中的未来发展。

二、文献综述

数字化教学已经在各个学科领域得到广泛应用，并在财政学教学中展现了巨大的潜力。过去的研究和实践已经积累了丰富的经验，为财政学课程的数字化教学改革提供了宝贵的参考和启示。首先，数字化教学在财政学课程中的应用情况得到了广泛关注。通过数字化教学手段，学生可以更加直观、深入地理解财政学的重要概念和理论，如税收、财政政策、预算管理等。数字化教学工具包括但不限于在线课程、虚拟实验室、教学视频等，这些工具为学生提供了更加灵活、便捷的学习方式，同时也提升了学习效率和学习质量。其次，研究成果显示，数字化教学在财政学课程中的应用效果显著。学生通过数字化教学更加积极主动地参与学习过程，其学习兴趣和学习动力有所提高。教师可以利用数字化教学手段进行个性化辅导，更好地满足学生的学习需求。最后，数字化教学还促进了师生之间的互动和合作，打破了传统课堂教学的时空限制，为教学提供了更大的可能性。在教学改革经验方面，已有研究总结了一些成功的教学改革案例，这些案例涵盖了教学内容设计的创新、教学方法的多样化、教学资源的数字化开发等方面。引入实时案例分析、实证研究、在线讨论等活动，成功地激发了学生的学习兴趣和主动性，提升了教学效果和优化学习体验。

综合而言，数字化教学在财政学课程中的应用情况和研究成果表明，数字化教学已经成为财政学教学改革的重要途径和有效手段。总结已有的教学改革经验，为本研究提供了理论支持和实践借鉴，为财政学课程的数字化教学改革提供了重要参考。

三、大学本科财政学课程现状分析

当我们审视当前大学本科财政学课程的现状时，我们不得不承认，尽管这门课程在经济管理类专业中具有重要地位，但其教学存在诸多问题。

首先，教学内容设计方面存在明显的滞后和不足。传统的财政学课程主要聚焦于理论知识的传授，缺乏对现实财政实务的深入探讨和案例分析，导致学生难以将所学理论知识应用于实际工作中。现实中的财政管理问题往往是复杂多样的，需要学生灵活应变，并具有问题解决能力，而传统教学模式往往无法满足这一需求。

其次，传统教学模式在数字化时代的局限性也逐渐显现。传统的课堂授课方式面临时间和空间上的限制，无法为学生提供灵活的学习环境和个性化的学习体验。此外，学生对于枯燥的理论课程难以产生兴趣和动力，学习效果常常不尽如人意。而数字化时代的来临为教学提供了更多可能性，如在线学习平台、虚拟实验室、教学视频等，这些数字化教学手段能够更好地激发学生的学习兴趣和主动性，提高教学效果和优化学习体验。

再次，教学资源不足。部分学校在财政学课程的教学设施和实验室建设方面投入不足，无法为学生提供良好的学习环境和实践机会。教学资源的匮乏也限制了教师开展多样化教学的可能性，影响了教学效果和学生的学习体验。

最后，教师队伍的素质参差不齐，这也是影响教学质量的一个重要因素。一些教师缺乏财政实务经验和教学创新意识，导致教学内容单一、教学方法传统，无法满足学生个性化学习的需求。而高素质的教师队伍则能够为学生提供更丰富的教学资源和更优质的教学体验。

因此，综合分析大学本科财政学课程的现状，我们可以看到教学内容设计滞后、教学模式局限、教学资源不足和教师队伍素质参差不齐等多方面的问题。针对这些问题，我们需要制定全面的教学改革方案，利用数字化技术手段和现代教学理念，提升财政学课程的教学质量和学生的学习体验，促进财政学教育的发展与创新。

四、基于数字化教学的财政学课程教学改革方案

针对当前大学本科财政学课程教学存在的问题，基于数字化教学的教学改革方案应该具备全面性、系统性和创新性，以实现财政学课程教学质量的提升和学习效果的改善。

教学内容设计的更新和优化。首先，应对财政学课程的教学内容进行全面审视和更新。传统的教学内容可能偏向于理论知识，而缺乏实际案例和数据的支持，可以引入最新的财政政策、财政案例、经济数据等实际内容，使学生能够更加深入地理解财政学理论，并能够将理论知识应用于实际财政管理和决策中。其次，还可以开设财政学实践课程或者实训课程，给学生提供参与实际项目的机会，加强他们的实际操作能力和解决问题的能力。

教学方法的创新和多样化。除了传统的课堂教学方式，应引入数字化教学手段，如在线课程、虚拟实验室、教学视频等。通过多样化的教学方法，激发学生的学习兴趣和主动性，提高学生的学习积极性和参与度。同时，可以采用问题导向的教学方法，引导学生通过解决实际问题和案例分析来学习财政学知识，培养其分析和解决问题的能力。

教学资源的开发和共享。建立财政学课程的数字化教学资源库，收集整理优质的教学资源，如教学 PPT、教学视频、案例分析等，为教师和学生提供更加丰富和便捷的学习资源。同时，鼓励教师积极参与教学资源的开发和共享，形成良好的教学资源共享机制。这样可以充分利用数字化技术的优势，为学生提供更加优质和个性化的学习体验。

教师队伍的培训和提升。针对数字化教学手段的应用，需要培养教师的数字化教学能力和创新意识。可以开展有针对性的教师培训和教学研讨活动，引导教师掌握数字化教学工具和教学方法，提升其在数字化教学环境下的教学水平和教学效果。同时，建立教师交流平台，促进教师之间的经验分享和教学合作，共同推动财政学课程的数字化教学改革和发展。

综上，基于数字化教学的财政学课程教学改革方案应该包括教学内容设计的更新、教学方法的创新、教学资源的开发和共享以及教师队伍的培训和提升等方面的综合措施。这些措施将有助于提高财政学课程的教学质量和优化学生的学习体验，推动财政学教育的现代化发展。

五、数字化教学在财政学课程中的应用案例分析

近年来，随着数字化技术的发展和教育信息化的推进，数字化教学在财政

学课程中得到了广泛应用。以财政学理论课程为例，数字化教学应用案例为学生提供了更加丰富和便捷的学习体验，同时也带来了一些实际效果和经验教训。

首先，以在线模拟财政案例教学为例。在传统教学中，学生对于财政理论知识的理解往往停留在纸面上，缺乏实际操作的机会。而通过在线模拟财政案例教学，学生可以在虚拟环境中扮演财政管理者的角色，进行财政预算编制、项目资金分配等实际操作，深入理解财政理论知识，并提升实际操作能力。这种数字化教学应用案例在提高学生学习兴趣和参与度的同时，也提升了学生的实践能力和问题解决能力。其次，以教学视频和多媒体教材为例。传统的课堂教学往往局限于文字和图片的呈现，难以生动形象地展示财政实务案例和数据资料。而通过教学视频和多媒体教材，教师可以结合实际案例和财政数据，以图文并茂的方式呈现给学生，使学生更加直观地理解财政学理论知识，提高其学习效果和质量。这种数字化教学应用案例需要教师具备良好的教学设计和制作能力，避免教学视频过于冗长和单一。

然而，数字化教学在财政学课程中的应用也存在一些经验教训。其一，数字化教学应用需要充分考虑学生的个性化学习需求和学习习惯，避免过于单一化和机械化的教学设计。其二，数字化教学应用需要不断更新和优化，避免教学资源过时和陈旧，保持教学内容的新颖性和实用性。其三，数字化教学应用需要充分利用现代技术手段，确保教学平台的稳定性和安全性，避免出现教学中断和信息泄露等问题。

综上所述，数字化教学在财政学课程中的应用案例为学生提供了更加丰富和便捷的学习渠道，同时也带来了实际效果和经验教训。通过不断总结和探索，可以进一步推动数字化教学在财政学课程中的发展和应用，提升教学质量和学生学习效果。

六、改革实施与评估

改革实施与评估是数字化教学在财政学课程中的重要环节。下面将详细描述基于数字化教学的财政学课程教学改革的实施过程，并对改革效果进行监测与评估。

首先，实施数字化教学在财政学课程中的改革需要明确的实施计划和步骤。教学改革的首要任务是对课程内容进行数字化转换，并设计合适的教学模式和资源。教师需要通过专业的培训和技术支持，掌握数字化教学的操作技能和教学设计方法。此外，还需要建立完善的数字化教学平台，提供给学生便捷和高效的学习环境。其次，数字化教学改革需要针对不同课程内容和学生需求进行差异化设计。可以采用在线直播课程、教学视频、虚拟实验室等多种数字化教学手段，增加课程的多样性和互动性。同时，结合实际案例和数据分析，让学生在数字化环境中更好地理解和应用财政学理论知识。

在实施过程中，需要建立起对教学改革效果的监测体系。可以通过学生学习情况的实时数据统计和分析，评估数字化教学对学生学习效果的影响。同时，教师也需要定期开展教学反馈和评估活动，收集学生和教师对数字化教学的意见和建议，不断优化和改进教学方案。

随着数字化教学的实施，需要及时对改革效果进行评估。可以从学生学习成绩、学习兴趣、参与度等方面进行评估，比较数字化教学和传统教学的差异和优劣。同时，还可以根据学生毕业后的实践能力和职业发展情况，评估数字化教学对学生综合能力的提升效果。在评估过程中，需要注意综合考虑各种因素的影响，如教学资源投入、教师培训情况、学生接受程度等。并根据评估结果及时调整和优化数字化教学改革方案，实现教学质量和效果的持续提升。

总的来说，数字化教学在财政学课程中的改革实施与评估需要系统而全面的考虑，通过合理的实施计划和监测评估机制，不断推动教学改革的深入发展，从而提高财政学课程的教学质量和优化学生的学习体验。

七、挑战与应对策略

数字化教学在财政学课程中的挑战与应对策略是教育改革中需要认真对待的重要议题。以下将详细探讨数字化教学在财政学课程中可能面临的挑战，并提出相应的应对策略。

1. 技术设施不足与网络问题

技术设施不足和网络问题是数字化教学面临的首要挑战之一。许多学校或地区存在着设备老化、网络带宽不足或不稳定等问题，这会严重影响数字化教学的实施效果。因此，针对这一问题，学校可以采取以下具体措施。

（1）资金投入：增加对教育信息化建设的资金投入，更新和升级学校的技术设施，包括计算机硬件、网络设备、数字化教学平台等，以确保数字化教学的顺利进行。

（2）建设云平台：建设云平台或者购买第三方云服务，提高网络带宽和稳定性，避免教学过程中出现网络延迟和卡顿现象，保障教学的连续性和流畅性。

（3）专业技术支持：设立专门的技术支持团队，提供及时的技术支持和维护服务，解决教学过程中出现的技术问题，确保数字化教学的顺利进行。

2. 教师培训和适应问题

许多教师对数字化教学缺乏经验和技能，面临适应新教学模式的挑战。为了帮助教师更好地适应数字化教学，可以采取以下措施。

（1）专业培训：组织数字化教学相关的专业培训课程，包括教学软件和工具的使用方法、在线课程设计与管理、教学互动与评估等内容，提升教师的数字化教学能力。

（2）经验分享：建立教师之间的经验分享平台，鼓励教师分享数字化教学的成功经验和教学方法，促进教学资源和经验的共享与传承。

（3）导师辅导：为新加入数字化教学的教师安排资深的数字化教学导师，提供个性化的辅导和指导服务，帮助他们快速适应数字化教学环境，提高教学效果。

3. 学生参与度和自律问题

数字化教学对学生的自主学习和自律性提出了更高的要求，需要采取一系列措施来促进学生的积极参与和自我管理。

（1）课程设计优化：设计具有启发性和互动性的在线课程内容，包括案例分析、讨论环节、在线实验等，激发学生的学习兴趣和主动性。

（2）学习任务监督：设立学生学习任务和进度监督机制，明确学生的学习目标和时间表，对学生的学习进度进行监督和评估，引导学生形成良好的学习习惯和自律能力。

（3）学业辅导和心理支持：建立完善的学业辅导和心理健康支持体系，为学生提供学习上的指导和心理上的支持，帮助他们克服学习困难和压力，保持良好的学习状态。

4. 教学内容设计和质量保障

数字化教学需要精细的教学内容设计和严格的质量保障机制，以确保教学效果和学生学习体验。具体措施如下。

（1）多媒体教学手段：采用多媒体教学手段，包括视频讲解、互动课件、在线模拟实验等，丰富教学内容，提高教学吸引力和实效性。

（2）教学评估与反馈：建立课程评估和质量监控机制，定期对课程进行评估和反馈，收集学生和教师的意见和建议，及时调整和优化教学内容，提升教学质量和学生学习效果。

5. 数字化教学工具和平台选择

在选择适合财政学课程的数字化教学工具和平台时，需要考虑多方面的因素，包括功能性、易用性、安全性等。具体措施如下。

（1）工具评估与比较：进行系统的数字化教学工具评估和比较，考察工具的功能性、稳定性、用户体验等方面的表现，选择最适合财政学课程需求的工具。

（2）使用指南和技术支持：建立数字化教学工具的使用指南和技术支持体系，为教师和学生提供必要的技术支持和培训服务，解决在使用过程中遇到的问题，提高教学效果和用户体验。

以上应对策略的实施，可以有效解决数字化教学在财政学课程中可能面临的挑战，提升教学质量和学生学习体验，推动数字化教学在财政学领域的深入发展。

八、结论与展望

本文深入探讨了数字化教学在财政学课程中的应用，并对其作用、意义以及未来发展方向进行了全面分析和总结。

首先，数字化教学在财政学课程中的应用对教学产生了积极的影响。通过数字化手段，教师可以更加灵活地设计和呈现教学内容，激发学生的学习兴趣和主动性，提升教学效果。数字化教学还能够丰富教学资源，打破时空限制，促进教学资源的共享和互动，为学生提供更加便捷和优质的学习体验。其次，展望未来，数字化教学在财政学课程中的发展将更加智能化和个性化。随着信息技术的不断发展和应用，数字化教学将与大数据分析、人工智能等技术相结合，实现个性化教学和精准教学，更好地满足学生不同层次和需求。数字化教学还将进一步拓展教学场景和模式，探索多元化的教学方法和工具，提供更加丰富、多样化的学习体验。最后，为了更好地推动数字化教学在财政学课程中的发展，我们提出以下建议和展望：一是深入研究数字化教学对学习效果的影响和作用机制，探索数字化教学在提升学生学习成就方面的有效性和效果；二是加强数字化教学平台和工具的研发和应用，提升其稳定性、易用性和适用性，为教师和学生提供更好的数字化教学支持；三是进一步促进数字化教学与传统教学的融合，发挥两者的优势，构建更加完善的教学体系和生态，实现教学质量和效果的全面提升。

总之，数字化教学在财政学课程中具有广阔的应用前景和发展空间，我们期待未来数字化教学能够为财政学课程的教学改革和提升作出更大的贡献。

参考文献

［1］曾惠芝.基于"问题链"教学法的财政学课程教学创新研究［J］.才智，2024（9）：5－8.

［2］杨忠海，李瑛玫，李潭，等.数字化时代《会计学》课程教学改革实践与思考［J］.会计之友，2024（6）：90－96.

［3］蔡文勇."互联网＋教育"背景下教师数字化教学能力提升策略［J］.天津教育，2024（5）：79－81.

［4］蔺红丹.应用型本科财经院校"财政学"课程教学改革实践［J］.新课程研究，2024（3）：7－9.

［5］肖远菊.基于"互联网＋"的高校《财政学》教学改革探讨［J］.产业与科技论坛，2023，22（23）：194－196.

［6］李佳妍.财政学课程中热点案例教学法的改革与实践［J］.中国多媒体与网络教学学报（上旬刊），2023（5）：193－196.

［7］曹一梅，赵迪，肖朝英，等.新时代财政学课程的案例教学模式探析［J］.科技资讯，2022，20（7）：189－192.

［8］梁倩."互联网＋"背景下《财政学》课程教学改革探索［J］.产业与科技论坛，2021，20（23）：167－168.

［9］刘惠.应用型本科财政学专业实践教学体系改革与实践探讨［J］.科技经济市场，2021（1）：139－140.

［10］郭露露.提升《财政学》教学质量的路径探讨［J］.产业与科技论坛，2020，19（19）：220－221.

［11］啊米娜.面向市场经济的财政学专业教学模式改革研究［J］.财富时代，2019（11）：87.

［12］张飞霞.教学改革驱动下的《财政学》课程微课设计［J］.金融理论与教学，2019（3）：104－107.

和而不同："财政学"课程教学改革的实践与探索

段海英①

（四川大学经济学院，四川成都，610065）

摘要： 大学的专业平台课，往往由教学课程组来承担教学任务，各个任课教师在制定教学大纲、形成教案、过程考核、期末考核等多个教学环节需要协同配合才能顺利完成教学工作。四川大学经济学院"财政学"课程团队教师经过多年的教学合作，探索出出题负责人轮换制的管理制度，进而形成了课程管理制度。该项制度在统一教学要求的同时又保护了"赛马"机制，鼓励教师在过程考核中因材施教，体现出和而不同的教学风格。该改革方案经过九年的实践，得到学生的认可，也提升了课程组教师的业务能力和教学质量。伴随着人工智能技术在大学课堂的应用和数字财政对学生综合素质的新要求，任课教师应紧随时代要求探索教学创新，发挥团队优势，在今后的教改中探索出新的合作模式。

关键词： 出题负责人轮换制；过程考核；数字财政

"财政学"课程是四川大学经济学院各大类专业的核心课程，也是平台课课程。基于建设具有"中国特色、川大风格"世界一流大学的办学定位，结合新文科建设需求，课程对夯实学生专业基础知识，引导学生将财税理论知识应用于经济实践具有重要作用。很长一段时间，任课教师教学重点内容不统一和评价标准宽严不一致的问题困扰着"财政学"课程组教师。2015年，经课程团队组教师商议，开始实施出题负责人轮换制，每年由该年度负责出题的教师组织教学研讨和主持课程考核，负责人由课程组教师轮流担任。统一的教学方

---

① 段海英（1972—），四川大学经济学院副教授。

案和团队合作机制保障了教师的教学品质，竞争机制促进了教师进行创新性教学改革，教师们在合作竞争中探索出各具风格的教学风格、教学方式和过程考核方案，得到学生的认可。本文总结了该项改革的细节内容及成效，并对在数字时代继续深入推进教学改革提出一些设想。

一、改革的缘起

四川大学经济学院的"财政学"课程是平台课课程，需要课程组教师进行协同教学，但教学合作长期缺乏制度规范。"财政学"课程对经济学各专业学生全面掌握财税原理知识，熟悉财税政策，了解学科发展前沿动态，为今后财经工作实践和科研工作奠定坚实专业基础，是经济学各专业学生都必须修读的专业课。由于选课人数多，需要多个教师在同一学期对多个班级授课。而教师的教学风格和教学重点往往不同，考核的宽严尺度有差异，容易引起学生对考试成绩客观性和公正性的质疑，学生对"财政学"课程组教师提高考核公平性存在期许。

为回应学生的关切，"财政学"任课教师自发推进了一次教学改革。2015年1月，教师们完成了"财政学"课程考试监考任务，乘坐校车返回望江校区。在校车上教师们聊起了如何协调课程教学进度，统一考核标准的问题。下车后，意犹未尽的教师们在望江校区校车站开展了长达一小时的讨论。商议重点是如何促进学生重视课程学习并提升教学质量，减少学生考前背笔记考后忘内容的情况，进而促进学生加强自主学习，以及如何协调一致去提高学生成绩评定的客观性和公正性等。教师们根据《四川大学试题命制与管理规范》《四川大学本科生考试工作管理办法》等文件，商议出课程出题负责人轮换制，对课程的教学内容、教学手段、教学方法和考核方式进行全面改革。

二、出题负责人轮换制的初期探索

该制度保证了按统一规则实施教学管理，也适当融入竞争机制，敦促教师在日常教学中更新教学内容，提高教学质量。该制度的主要内容如下：

要求任课教师使用新版教材，实时更新教学大纲。按照学校规定，相同课程的任课教师应该使用相同的教材和大纲。鉴于使用的教材比较陈旧，教师们商议进行教材的修订并取得四川大学出版社的支持，在2016年1月出版了《财政学》第4版。从2020年开始，课程组教师开始使用马克思主义理论研究和建设工程重点教材《公共财政概论》。根据教材的变化，课程组教师推荐代表进行大纲修订，大家审议后一致通过。任课教师按新版大纲编写教案，统一教学进度。

统一教学考核方案。按照《四川大学本科生考试工作管理办法（修订）》规定，四川大学课程需全面实施课程全过程管理和考核，期末考试成绩占总成绩比例不高于50%。过程考核由日常考勤、平时考核（含平时作业、课堂讨论、平时测验、案例展示等）、期中考核等多种方式构成。每种方式及占比由全体教学教师进行讨论协商，但具体实现方式可体现教师各自独特的教学风格，鼓励教学创新，激发教学活力。[①] 除此之外，按照学校教务处规定，教师在期中和期末会通过调查问卷及时收集学生对课堂教学和考核方式的看法和建议，根据学生建议及时进行调整。

实行期末考试出题人轮换制，进行统一考试、统一评分标准、统一阅卷。为了促进学生认真学习基础知识，摒弃考前背复习范围的学习习惯，课程组教师在期末考核方面进行了改革。每年课程组推荐一位出题教师，出题教师实行轮换制。出题教师需要独立制作出两套试卷，对试卷进行认真核对并对内容进行保密，不与其他教师分享。出题教师确保考查知识点覆盖教学重点，紧扣教材知识点，题型灵活，出题质量达到学校相关规定，原则上不与近三年的试卷内容重复。出题教师需提供一份复习指南，统一指导所有选课学生开展"财政学"课程的期末考试备考。采取这种方式后，任课教师由于不知当期期末考试的内容，往往需要在教学中对所有的知识点进行全面教学，夯实了课程教学的基础。学生没有了考前临时抱佛脚的希望，也会重视"财政学"课程的日常学习，课堂学习时学生抬头率有提高。为应对期末考试试卷上可能会出现的财经热点问题，任课教师堂上堂下均需要拓展知识，提高课程的高阶性和创新性，开阔了学生的专业知识视野。为了吸引学生选课，教师还需要创新自己的教学风格，适当提高课程的挑战度。在阅卷环节，教师集体审查评分标准，开展流水阅卷。每个教师对领受的阅卷任务按照统一的尺度进行批改，减少了阅卷中因教师宽严尺度不统一出现的评分偏差。该举措有利于提高阅卷的公平性，得到了学生的认可和欢迎。

三、课程管理方案实现制度化和规范化

2020年10月，经学院教改课题立项，"财政学"课程团队教师讨论出一份课程管理实施办法。虽然该办法没有成为公开文件，但该办法成了教师自觉遵守的课程管理制度。以下是该办法的一些细节内容：

---

① 四川大学教务处：《四川大学本科生考试工作管理办法（修订）》，2017年。

课程负责人职责。课程负责人承担课程建设总体任务，负责组织团队教师进行平台课程的建设，每一年工作包括但不限于：指定教材，形成课程总体简介，统一课程大纲及全过程考核方案，组织流水阅卷等。课程负责人由教学组教师推荐产生，原则上采取轮换形式。

期末考试的出题实行出题负责人轮换制。"财政学"课程期末试卷命题要求、试卷及评分标准、提交给学生的复习方案等由任课教师轮流负责提供。一旦出现试卷信息泄露问题，当年负责出题的教师为第一责任人并应当协助相关管理人员进行调查。期末考试试卷中有标准答案部分的内容原则上来自教材。如果有超纲内容，出题教师应提前告知各任课教师。"非标"考试占比应符合学校相关规定。

对过程考核进行精细化管理。每位教师的过程考核方案一旦确定，需于第一节课上课时向学生展示，并在授课期间严格按照考核方案执行。过程考核成绩由课程组协商出正态分布占比。原则上，"财政学"课程过程考核成绩中 90 分（含）以上的同学占比不超过 25％，其中最高分为 95 分，得分为 95 分的同学不超过 10％。过程考核成绩以及加权计算出的总成绩平均值原则上不超过 88 分。对违反过程考核成绩占比规定的教师，由教务办相关负责人对任课教师进行信息反馈。

鼓励团队教师开展教学改革。鼓励和支持教师开展"课程思政"活动和其他教学研讨活动，通过督导听课和教师互评了解教师思政元素挖掘与课程融入情况。在课堂教学环节利用网络教学资源开展"翻转课堂"和"混合式教学"模式的实践。

四、教学改革成效

经过多年的探索，任课教师按照约定的教学管理办法开展日常教学，积极参与教学改革。"财政学"课程团队建设成效显著，取得了上线一门慕课并获评一门四川省金课的好成绩。课程团队经常开展集体备课等活动，形成了一个学习型组织。

课程团队建设增强了凝聚力，成功开设了一门慕课。经过多年的教学探索，课程组教师的团队合作意识增强。2019 年由教学组教师共同建设的慕课"公共财政概论"在爱课程平台上线并顺利运行。2022 年由段海英老师主讲的"财政学"课程获评四川省线上线下混合式一流本科课程，该课程使用的线上资源就来自课程团队教师录制的慕课。2024 年该慕课已申请四川省线上一流本科课程，教师们共同建设而成的线上课程的社会影响力越来越大。

课程组教师开展团队合作式学习，打造学习型组织。自推行出题负责人轮换制之后，课程团队教师的互动学习有所增强。教师们不仅在 QQ 交流群里分享自己的教学心得和学生关注的问题，分享各项教学材料，还有意识地参加各种教学交流活动。段海英老师和邓菊秋老师在学院、学校及全国学术会议上交流推进课程思政的心得。段海英老师主编的《财政学课程思政教学案例集》已于 2024 年由四川大学出版社出版。教师们在教研室活动中也经常进行教学研讨，开展各种形式的集体备课。团队交流活动通过示范效应和学习效应提升了教师们的教学技巧，增强教师对于完成创新性教学任务的信心，并将内在的教学创新意愿转化为具体的教学创新行动。课程团队的教师们积极申报教改课题，近五年获得了多项校级和省级教学奖励。

五、教学反思与展望

通过"财政学"平台课建设，课程组教师们积累了丰富的教学经验，教学内容更加合理、教学方法更为多样、教学资源更为丰富、考核方式更加有效，取得了显著的教学改革成果。但是，随着人工智能、云计算、大数据的发展，大学教学面临教学改革。在进一步做好课程思政、混合式教学改革、提高课程的"两性一度"等教学改革的同时，"财政学"教学内容和教学方式在提质、创新等方面需要进一步突破。展望未来，"财政学"课程的教学改革需要继续推进团队合作，将数字技术融入日常教学，满足数字时代对财经人才的新要求。

首先，教学内容体系需要跟随数字财政的发展变化进行持续改进。"财政学"课程的教学内容需要进一步丰富，更多运用 AI 技术、知识图谱等提升课程教学效果，提升学生运用数字技术的能力。

其次，重视学生沟通交流能力的提升。伴随数字技术的应用，学生在线上交流的情景增多，而线下与人沟通的场景减少。经济学院的学生担负着济世济民的历史责任，需要的是既具有理论知识又具有实践能力的综合性人才，学生应该具备善于沟通的素养。教师在课堂教学中要注意锻炼学生的表达能力，增加主题演讲、小组讨论等教学设计，培养学生的沟通表达能力。

再次，重视创新创业人才培养，鼓励学生多参加创新创业的比赛，以赛促学。在社团指导和比赛辅导中，培养学生的财经思维、人工智能数字思维、美学思维，注重设计方案的创新点打磨。

最后，增加非标考核。随着人工智能技术的应用，学生从网络上获得知识信息的途径增多，学生可以通过文心一言、Kimi、ChatGPT 等大语言模型获取知识性信息，"财政学"课程中单纯记忆性知识考核的必要性减少，而体现学生应用能力和创新能力的考核适宜增加。因此，未来的课程考核方式要增加非标考试题型，重点激发学生观察力和好奇心，提升学生的创新意识，促使学生成为符合社会需要的栋梁之材。

参考文献

[1] 陈龙，石英华，武靖州，等. 中国财政学会第 22 次全国财政理论研讨会会议综述 [J]. 财政研究，2019 (12)：17−39.

[2] 《公共财政概论》编写组. 公共财政概论 [M]. 北京：高等教育出版社，2019.

[3] 蓟红丹. 应用型本科财经院校"财政学"课程教学改革实践 [J]. 新课程研究，2024 (3)：7−9.

[4] 舒亚琦. "2020 中国数字财政高峰论坛"专家观点综述 [J]. 财政科学，2020 (12)：149−154.

[5] 杨志勇. 数字财政建设的意义、战略选择与未来发展建议 [J]. 中国财政，2022 (4)：18−19.

[6] 郑夏楠. 高校课程考核评价方式改革探究——以"传媒经济学"为例 [J]. 科教文汇（上旬刊），2021 (4)：127−128.

数字时代经管量化分析课程教学改革研究[*]

——以"面向经济与金融的 Python 编程"课程为例

吕一清^①　　吴云峰^②

（四川大学经济学院，四川成都，610065）

摘要：数字时代数量量化分析课程在经管类教学课程体系中越来越重要。本文以"面向经济与金融的 Python 编程"课程为例，思考数字时代经管类的数量分析课程中存在的问题和解决方案。本教学改革项目，旨在解决课程内容过于理论化、晦涩难懂，学生操作和综合解决问题的教学内容偏少，缺乏编程和建模能力的培养，考核方式单一以及学生课下活跃度不够等问题。本教学改革项目通过改革课程内容、创新教学方法、完善考核体系以及建立学生激励机制，以期提高学生的编程与建模能力，为其学术深造和直接就业打下坚实基础。

关键词：Python 编程；教学改革；经济管理；AI 技术

一、课程教学改革背景与问题

自 2023 年 11 月 ChatGPT 开发者大会发布以来，其强大的信息整合和对话能力震惊了世界。以 ChatGPT 为代表的人工智能生产内容技术（AI-Generated Content，AIGC）浪潮引起了广泛关注。AI 2.0 时代的到来，使得人工智能技术成为影响各行各业的重要力量，其对未来社会的影响将持续扩大。习近平总书记提出"发展新质生产力是推动高质量发展的内在要求和重要

---

　*　基金项目：四川大学高等教育教学改革工程（第十期）研究项目。

　①　吕一清（1984—），四川大学经济学院副教授，主要研究方向为宏观经济和经济统计。

　②　吴云峰（1996—），四川大学经济学院硕士研究生，主要研究方向为经济统计。

着力点"①,为全党、全人民在新发展阶段下,贯彻新发展理念,打造经济发展新引擎,增强发展新动能和构筑国家新发展格局提供了重要指引。发展新质生产力,既是世界竞争格局下的重要战略机遇,也是推进中国式现代化建设的必然要求。要实现新质生产力,需要高校和企业利用新技术对传统的人才培养体系进行信息化、智能化、数字化的转型升级。

在数字化时代,经济管理类专业学生需具备实际数据分析和决策支持的能力。以"计量经济学"和"数量经济学"为代表的数量分析课程在经管教育体系中扮演至关重要的角色。然而,传统的数量分析课程强调理论教学,而缺乏与实际数据分析工作的实践结合。同时,现有教学模式在互动性、个性化学习支持以及教学资源丰富性等方面存在不足。新一代人工智能以大规模数字化和行业深度应用为显著特征,将为学校高等教育改革带来新的机遇②,以ChatGPT 为代表的生成式人工智能发展给教师教育带来巨大冲击和挑战,为了更好地适应数字化时代的发展,现有的数量分析课程需要在教材选择、课程设计和能力培养方面进行深化优化和调整。对于非计算机专业,编程语言更多作为分析工具而不需要过多研究优化语言本身,因此 Python 语言被高校广泛认同③。在新文科发展大背景下,"面向经济与金融的 Python 编程"课程将Python 编程技术、数量经济和统计理论融入经管类课程,为学生提供综合性的跨学科学习,以达到知识扩展和创新思维的培养目的。本教学改革项目拟解决"面向经济与金融的 Python 编程"课程中存在的问题:课程内容与实际应用脱节,缺乏对现代数据分析工具的介绍;教学方法单一,过分依赖讲授,教与学缺乏互动和实践;实践环节不足,学生缺乏动手操作机会;评价体系过于侧重理论考核,忽视了学生的实践能力和创新思维。针对这些问题,教师迫切需要引入新的技术和教学理念来推动教学改革④。

基于此,本文以"面向经济与金融的 Python 编程"课程为例,提出了基于 Python 编程的经管数量分析课程教学改革方案,通过优化数量分析课程内容和教学模式,结合实际案例和应用场景,提高学生的实践能力和创新思维。

---

① 《习近平在中共中央政治局第十一次集体学习时强调 发展新质生产力是推动高质量发展的内在要求和重要着力点》,《人民日报》,2024 年 2 月 2 日第 1 版。

② 郭亚东、赵玉新:《程序设计课程教学改革的理想选择——Python 语言》,《产业与科技论坛》,2019 年第 18 卷第 3 期,第 167 页。

③ 嵩天、黄天羽、礼欣:《Python 语言:程序设计课程教学改革的理想选择》,《中国大学教学》,2016 年第 2 期,第 43 页。

④ 路龙宾、孙家泽、滑文强等:《兴趣驱动、能力导向、价值引领的 Python 语言程序设计课程创新与实践》,《计算机教育》,2024 年第 2 期,第 178 页。

本课程教学改革的重点突出以下几个方面。

（1）课程的实用性：该课程与实际数据分析工作紧密结合，融入大量实际案例与大数据分析应用，为学生提供更多实践机会。教学模式改进，提高互动性和个性化支持，例如引入案例分析、团队项目等，激发学生学习的主动性和积极性。

（2）教育的生态化：引入在线学习平台、数据分析工具等，以助学生获取所需资料；同时随着学生学习的深入与 Python 社区发展，本课程的知识内容也不断发展丰富，满足学生自主学习和实践的需求。

（3）应用的前沿性：人工智能在教学中的应用，能提高学生学习兴趣，能够提高学生课外自主学习效率。人工智能既符合国家新质发展生产力的要求，也可以承担高校部分标准化的教学职能，提高师生核心竞争力。新技术是教学的工具，决定教学成功的不是纯粹的技术，而是富有创造性与智慧的教师。教学在人工智能时代，依旧应当注重人性本色[①]。

二、课程教学改革的目标与设计实现思路

在中国特色社会主义新时代背景下，各高校积极响应党和国家关于教育现代化、创新型人才培养的号召，致力于发展具有中国特色的经济学理论。"面向经济与金融的 Python 编程"课程的教学目的是培养学生以 Python 等软件分析实际经济和金融问题的能力，该课程的学生以本科三年级和四年级为主。本教学改革项目通过分析"面向经济与金融的 Python 编程"课程在教学中存在的问题，结合课程教学实践，开展有针对性、系统性的改革与优化，主要包括以下四个方面。

（1）精简数量推导内容，遵循"重思路、轻推导"的研究，提高学生学习热情。针对学习能力强的学生推荐相关网上学习材料，组成学习兴趣小组，让学生学习和掌握更加深入的知识。

（2）增强学习能力的反馈，强化以任务为导向教学，提升学生动手创新能力。在课堂上，以小目标和知识点作为学生训练的载体，让学生深度参与。在课下，给学生随机分组，设定联系目标并进行课堂展示。

（3）优化课程考核方式，突出全面综合考察应用能力，提高学生课内外学习积极性，强化主体学习地位。

---

① 魏冬梅、王秀华、王影等：《基于 Python 的程序设计通识课程建设与教学实践》，《计算机教育》，2019 年第 2 期，第 72 页。

（4）加强网络教学平台的应用，构建 GitHub 学习生态圈。学生通过 GitHub 平台分享和使用学习成果，加强学生间的互动性。

本课程教学改革项目根据课程特点、学生深造和就业需求不断优化教学模式，为学生营造良好的自主学习氛围和学习生态圈，有助于激发学生的学习兴趣，凸显其教学过程中的主体地位，同时也有利于提升教师的课程教学效果，帮助高校培养出更加优秀的经管方向的创新人才，更好地满足社会需要。

三、课程教学改革面临的问题及挑战

Python 编程与人工智能技术在经管类量化课程教学中展现出巨大潜力[①]，但也面临一些挑战，其中不仅仅有以往经管类教学中的痛点、难点，也有新技术冲击变革下的一些困境。下面对"面向经济和金融 Python 编程"课程教学中存在的问题进行梳理和总结。

（一）教学过程中互动不足

作为一门重实践能力的课程，课堂教学是教师传授知识理论的主要渠道，但如果学生没有兴趣、不自主学习，他们可能只是被动地接受知识，而没有真正理解和消化这些知识，其实践及应用能力就不会得到提高。教师在教授知识的时候，根据自己整理的内容框架，系统地进行教授，不能顾及学生个体的差异性与特点，也缺乏课中课后与学生的交流互动。同样，由于教师经常接触相关专业领域的内容，因此往往会认为学生对某些专业术语有一定了解，而不做过多解释；或者由于课堂时间有限，因此无法深入讨论一些经济理论和计量模型。这就需要学生在课后自主学习，如果他们无法自主探索，那么他们对知识的掌握将会受到很大限制。

（二）学生考核及评价方式单一

本课程以提升学生综合能力为目标，而传统本科教学考核方式主要为笔试形式，如期末考试、闭卷考试等，忽视了学生的综合能力的考察；同时也较少涉及实践性考核，无法全面评估学生在实际操作中的能力和表现。有教师略微创新一些的教学和考核要求，例如要求学生制作 PPT、写课程论文，这些考核内容对于理论课程来说是比较适当的，但是对于新颖性和创新性的实战型课程来说，还是不能给学生良好的学习导向，让学生有目标感。并且传统的考核

---

① 刘德建、杜静、姜男等：《人工智能融入学校教育的发展趋势》，《开放教育研究》，2018 年第 24 卷第 4 期，第 33 页。

方式往往只重视学生的成绩，忽略了对学生个性、兴趣、特长等方面的评价，无法全面了解学生的发展情况；也忽视了其他方面的评价，如学生的综合素质、创新能力、团队合作能力等。

（三）课程理论与实际应用脱节

对于高年级的本科生来说，他们面临着升学、就业等各方面的压力，更加注重课程是否能学有所用。但理论与实践脱节是当前教育领域普遍面临的问题，尤其在应用经济学和数据科学等课程中表现突出。一方面，课时安排不合理、理论内容与先导课程重叠是现今经济学教育中比较常见的一个问题，同样的经济学基础知识与理论可能在同一学期的不同课上被反复提及，学生感到枯燥无味，教师又担心学生没能完全掌握。另一方面，学生在课堂上只学理论知识，却不能实际应用，复杂的推导公式与编程语言原理在考核过后即忘，软件操作在课程结束后遗忘程度较严重，也不知道所学知识在将来的学习生活与职业生涯中如何应用。

（四）AI 技术辅助教学的局限性

Python 虽然是一门相对简单和易于学习的编程语言，但仍然有一定的门槛要求，如果想精通 Python 并掌握其高级特性，需要投入大量的时间和精力。本课程使用 AI 工具辅助 Python 教学，但需要注意，大语言模型自身存在局限性。首先，在一些简单的应用场景下，Python 的可视化操作与交互界面可能显得有些复杂，大语言模型虽然能够生成代码示例，但其针对特定要求生成的代码或解释有时可能存在误导性[1]。其次，大语言模型的本质是运用已知的数据去预测其他信息，训练数据对其性能至关重要。如果训练数据存在偏差、错误或不完整，模型可能会学到错误的信息，从而输出错误的结果。此外，如果训练数据不够多样化，如部分学科数据并没有较多公开，或者新兴的领域，模型可能无法适应各种情况，从而导致泛化能力较差。特别是目前创新性的领域，大语言模型可能会倾向于捏造一些本不存在的事实与概念[2]，其回答正确性存疑。

（五）新技术与教育本质的冲突

目前，关于大语言模型技术在教育领域的应用还相对较少，尤其是针对特

---

① 王作冰：《人工智能时代的教育革命》，《教育》，2018 年第 14 期，第 79 页。

② 杨海燕、李涛：《ChatGPT 教学应用：场景、局限与突破策略》，《中国教育信息化》，2023 年第 29 卷第 6 期，第 31 页。

定学科如经济学的研究更是匮乏。大语言模型技术在 Python 教学中的应用还需要更多的实践和研究来验证其有效性。有观点认为，大语言模型可能会成为学术不端行为的辅助工具[①]，也会将社会风气带向不良层面[②]。教育的本质是人际关系，通过师生互动传承知识和立身处世的法则。教育过度依赖人工智能如 ChatGPT，会让学生依赖于一问一答的互动过程，丧失独立思考能力，也会削弱其人际交往能力，限制其社会联系和心灵成长。因此，教师需要进行更多的实证研究来探讨技术在教学中的最佳实践和应用场景中可能的影响因素，以充分发挥其在教学中的潜力。

四、课程教学改革中的突破策略

人工智能技术的革命是一场利害关系的博弈，应当权衡利弊[③]。不同学者对于如何在不影响其他参与方利益时，我方利益最大化的纳什均衡解做了深入探讨。针对本课程在教学过程中存在的问题及不足，本课程教学改革主要从以下几个方面突破。

（一）树立教学互动的学习意识

教学互动是每一位教师应当提倡的，出于环境影响与中国传统文化长幼尊卑的理念，学生可能迫于心理压力怯于与教师沟通。Python 编程语言作为应用性强的一门语言，教学过程中可以通过预设问题和案例让学生在实践中增加和教师之间的教学互动。教师在教学中也应该认识到自己的不足，所谓师不必强于弟子，可以虚心与同学互相探讨。惰性是学生学习中的天敌，教师也是有惰性的[④]。身为教师需要以身作则，为学生树立良好的榜样，同时也需要教师不断更新现有知识与数据库技术。本课程的学习不局限于书本知识，应结合案例实操，课堂展示，学生与学生间交流学习，学生与教师对于成果互相探讨，以培养学生的互动学习意识，让学生有目标，有动力，有条件，有成果。这些元素相互关联，共同构成一个完整的互动学习生态系统。

---

① 曹树金、曹茹烨：《从 ChatGPT 看生成式 AI 对情报学研究与实践的影响》，《现代情报》，2023年第 43 卷第 4 期，第 5 页。
② 李南、丁益东、江浩宇等：《面向大语言模型的越狱攻击综述》，《计算机研究与发展》，网络首发，第 2 页。
③ 王佑镁、王旦、梁炜怡等：《ChatGPT 教育应用的伦理风险与规避进路》，《开放教育研究》，2023 年第 29 卷第 2 期，第 33 页。
④ 夏冬杰：《教师学习动力机制研究》，上海师范大学，2021 年，第 1 页。

（二）引入多元化和综合性的考核方式

引入多元化考核方式，包括但不限于项目报告、实践操作、小组讨论、案例分析等，以全面评估学生的综合能力和实际操作能力，同时给予学生更多展示和实践的机会，激发学生的学习兴趣和动力，增加学生学习的深度和广度。同时，针对新颖性和创新性课程，可以设计更具前瞻性和挑战性的项目任务，让学生在实践中不断探索和创新，提升学习的目标感和实践能力。强调个性化评价，除了学术成绩外，还应该重视学生的个性、兴趣、特长等方面，通过定期反馈、导师指导等方式，全面了解学生的发展情况，为其提供个性化的学习支持和指导。同时，在评价中应该注重学生的综合素质、创新能力、团队合作能力等方面的评价，鼓励学生全面发展，培养学生的综合素质和实践能力，使其具备更强的竞争力和适应能力。

（三）以教学目标为导向优化课程内容

"面向经济与金融的 Python 编程"课程涵盖了经济金融数据分析的基础知识、Python 编程基础、数据处理与清洗、统计分析、预测模型构建以及数据可视化等内容，强调理论与实践相结合，通过案例学习和项目实践，提升学生解决实际问题的能力。以培养学生求真务实的素质、创新意识和团队合作能力为目标，教师重新评估课程设置，增加开放式、探讨型的教学方案，避免理论内容的重叠。同时，结合实际需求和数据科学应用趋势来更新课程内容，引入新的理论和实践案例，使课程更贴近实际应用。在课程设计中增加实践性的内容，如案例分析、项目实践、实地考察等，让学生通过实际操作来应用所学知识，加深对理论的理解和记忆。同时，鼓励学生参与实习、实训等实践，将课堂所学知识与实际工作场景相结合，提升学生的实际操作能力和应用能力。教师也可以作为指导教师，积极带领学生参与"挑战杯"全国大学生系列科技学术竞赛、"大学生创新创业大赛"等实践比赛，为学生提供技术支持与理论指导，让学生在学习知识的同时有所收获。

（四）规范与创新 AI 技术的应用

教师可以介绍与引导学生使用 Python 众多的第三方包和框架，灵活运用各种包可以极大地减少编程工作量与简化代码语言，对于相同处理要求下不同的数据或文件，可以在下一次使用时简单更改设置或者文件路径，就能得出需要的结果。人工智能技术没有国别线，但是技术有底线，在使用大语言模型技术进行教学时，为避免学术不端行为，教师应明确传达并强调诚信原则与使用规则，同时实施有效的监控和反馈机制①。除了防止滥用外，课堂上还应提供正确的思想引领与政治教育，帮助学生理解技术的工具性和适用范围。中华优秀传统文化是科技文化创新的源头活水，中国企业在获得中文语料和对中国文化的理解方面比外国企业有天然的优势，国内的大语言模型虽然与国外有所差距，但是在教学中可以作为参考辅助。中国大语言模型所蕴含的价值观念与思维方式、社会建制与支持体系，对于摒弃文化偏见，维护高校良好风气，有着不可估量的作用。学生应明白技术并不能替代自己的思考和实践，加快学习与应用新质生产力，成为国家发展所需要的创新型、复合型数字化人才。

（五）回归以人为本的教育理念

"面向经济与金融的 Python 编程"课程在设计和内容上贴合了以人为本的教育理念。首先，安排易于理解的课程内容，例如，通过 Python 绘图功能来提升学生学习兴趣和获得感。其次，人工智能通过算法的自动化来减轻师生的重复性工作负担，提高教育教学的质量和效率②。作为教育工作者，教师要尽自己所能，培养自己和学生的独立思考能力，这才是人工智能时代下智慧教育的应有之义。教师作为知识性的教学角色，也许会被人工智能取代，但教师作为育人角色会愈加重要，未来是教师与人工智能相互协作的教育时代③。

五、教学改革项目的措施及教学成果

笔者先后开设并教授过"中级计量经济学""Python 统计分析""面向经济与金融的 Python 编程"等课程，对学生在应用性课程学习过程中遇到的问题和自己教学中遇到的问题有比较深刻的理解。针对"面向经济与金融的 Python 编程"课程的教学过程中存在的问题，笔者做了创新的教学尝试，例如，随机分组，布置小组作业，设定课程模块，课堂成果展示和理论与应用同步推进等。笔者在长期教授课程中积累了大量教学案例并完成该课程教材，对该项目的研究具有一定的指导和帮助，主要经验总结如下。

（一）课程内容更新与实践应用

"面向经济与金融的 Python 编程"课程在突出经济和金融领域的理论知

---

① 焦建利：《ChatGPT：学校教育的朋友还是敌人？》，《现代教育技术》，2023 年第 33 卷第 4 期，第 13 页。

② 李冬睿、杨颖、杨善友等：《基于成果导向的 Python 应用开发课程标准的开发》，《信息系统工程》，2019 年第 12 期，第 164 页。

③ 焦建利：《ChatGPT 助推学校教育数字化转型——人工智能时代学什么与怎么教》，《中国远程教育》，2023 年第 4 期，第 2 页。

识的前提下，分为 Python 语言入门、数量分析知识、经济与金融领域应用实操三大模块，将 Python 编程作为数量分析课程的核心工具，更新课程内容，增加 Python 在数据挖掘、数据清洗、数据可视化、统计分析等经济和金融方面的应用案例。鼓励学生通过小组合作，运用 Python 解决经济和金融方面的实际问题。同时也让学生自主选择感兴趣的 Python 应用方向进行课堂分享，支持学生多元化发展自身能力。推荐优质的在线学习资源，如课程相关的书籍、视频教程、在线课程等，鼓励学生在课程之外进行自主学习。鼓励学生使用在线数据分析平台和工具，如 Jupyter Notebook、Google Colab 等，进行编程实践，既方便又高效。

同时，引入大语言模型技术来辅助教学设计，生成更具挑战性和吸引力的教学案例，将经济和金融理论知识与实际问题相结合。这一转变极大地提高了学生的学习热情。课堂上，学生不再被动接受知识，而是积极参与到编程建模分析的实践中。他们针对实际案例进行编程建模，将理论知识与实际应用相结合，深化了对经济和金融问题的理解。大语言模型还可以用于生成个性化的学习资源和测试题，并给出一些应用范例，以丰富教学资源库。

为了加强实践教学，我们与校外科技企业合作，为学生提供真实的数据分析项目。学生通过项目驱动学习，在实践中掌握 Python 编程技能，提升数据分析能力，增添实习履历与经验，获得成就感[①]。

（二）多元化考核方式，构建教学生态圈

教师转换了课程考核方式，从单一的笔试转变为全面综合考察应用能力的多元化评价方式，如项目报告、代码测试、同学间互相评审等，全面评估学生的学习成果。人工智能也可以参与教学评价过程，分析学生的学习数据。例如在学生研究预测中国国内生产总值的趋势时，并不限制使用的预测模型与变量，以最终模型拟合效果为评定标准，这一改革使得学生更加注重平时的学习积累和实践操作，提高了他们的综合素质。

在数字化时代，教学成果的分享和展示已不局限于传统的课堂和校园，为了提高学生课内外的学习积极性，课程设计强化了他们的主体学习地位。构建GitHub 学习生态圈，为学生提供了一个分享和交流的平台。在这个平台上，学生可以上传自己的代码、学习心得和案例分析报告等成果，与其他同学进行互动交流。学生利用网络平台，将自己的学习成果以更加具象化的形式分享给

---

① 余胜泉：《人工智能教师的未来角色》，《开放教育研究》，2018 年第 24 卷第 1 期，第 27 页。

更广泛的受众。这种具象化的呈现方式，不仅能够增强学生的自信心和成就感，还能让其他人更加直观地了解学生的学习过程和成果。未来，教师与学生还能构建专属于自己的交流网站，将历届学生的成果进行展示比拼，保留下每一次教学的痕迹，让未来的学子在前人肩膀上走得更远更高。

本教学改革项目的实施，成功地为学生营造了一个良好的自主学习氛围和学习生态圈。这不仅激发了学生的学习兴趣和主体意识，还提升了教师的教学效果和课程质量。同时，这些教学改革成果也为高校培养出更加优秀的经管类创新人才提供了有力支持，更好地满足了社会对人才的需求。在未来的教学中，教师将继续深化教学改革，探索更多创新的教学模式和方法，为培养高素质的经济金融人才贡献更大的力量。

参考文献

[1] 郭亚东，赵玉新. 程序设计课程教学改革的理想选择——Python 语言 [J]. 产业与科技论坛，2019，18 (3)：167−168.

[2] 嵩天，黄天羽，礼欣. Python 语言：程序设计课程教学改革的理想选择 [J]. 中国大学教学，2016 (2)：42−47.

[3] 路龙宾，孙家泽，滑文强，等. 兴趣驱动、能力导向、价值引领的 Python 语言程序设计课程创新与实践 [J]. 计算机教育，2024 (2)：177−182.

[4] 魏冬梅，王秀华，王影，等. 基于 Python 的程序设计通识课程建设与教学实践 [J]. 计算机教育，2019 (2)：69−73.

[5] 刘德建，杜静，姜男，等. 人工智能融入学校教育的发展趋势 [J]. 开放教育研究，2018，24 (4)：33−42.

[6] 王作冰. 人工智能时代的教育革命 [J]. 教育，2018 (14)：79.

[7] 杨海燕，李涛. ChatGPT 教学应用：场景、局限与突破策略 [J]. 中国教育信息化，2023，29 (6)：26−34.

[8] 曹树金，曹茹烨. 从 ChatGPT 看生成式 AI 对情报学研究与实践的影响 [J]. 现代情报，2023，43 (4)：3−10.

[9] 李南，丁益东，江浩宇，等. 面向大语言模型的越狱攻击综述 [J]. 计算机研究与发展，2024，61 (5)：1156−1181.

[10] 王佑镁，王旦，梁炜怡，等. ChatGPT 教育应用的伦理风险与规避进路 [J]. 开放教育研究，2023，29 (2)：26−35.

[11] 夏冬杰. 教师学习动力机制研究 [D]. 上海：上海师范大学，2021.

[12] 焦建利. ChatGPT：学校教育的朋友还是敌人？ [J]. 现代教育技术，

2023，33（4）：5—15.

[13] 李冬睿，杨颖，杨善友，等．基于成果导向的 Python 应用开发课程标准的开发 [J]．信息系统工程，2019（12）：164—165.

[14] 焦建利．ChatGPT 助推学校教育数字化转型——人工智能时代学什么与怎么教 [J]．中国远程教育，2023（4）：5—15.

[15] 余胜泉．人工智能教师的未来角色 [J]．开放教育研究，2018，24（1）：16—28.

社会偏好与公共选择

傅志明①

（四川大学经济学院，四川成都，610065）

摘要：本文探讨在公共经济学课程教学中社会偏好对公共选择的重要影响。首先，介绍了社会偏好与公共选择的基本概念和原理。其次，阐述了社会偏好如何影响公共产品和服务及政府决策过程。最后，通过案例分析和实践教学方法来加深学生对社会偏好理论、公共决策理论以及政府决策过程的理解。本文的探讨，可以使学生认识到社会偏好在公共经济学教学中的重要作用，为公共经济学教学实践提供借鉴和启示。

关键词：社会偏好；公共选择理论；公共经济学教学

一、引言

公共选择理论是由布坎南和塔洛克于 1962 年提出的一种理论，它从个体行为的角度探讨了政府在资源分配和公共政策制定中的作用。与传统的财政学观点相比，公共选择理论更加注重政府行为的动机和结果，强调政府决策背后的利益驱动因素。尽管政府决策的动机受到社会偏好、公共利益、政治激励、信息不对称和制度规则等因素的影响，但其中最重要的因素是社会偏好。因此，我们需要理解社会偏好如何影响政府决策，进而影响公共选择，这对于制定符合社会利益的有效政策至关重要。

本文将首先介绍社会偏好与公共选择的基本概念和原理，其次阐述社会偏好对公共产品和服务及政府决策过程的影响，最后通过案例分析社会偏好对公共选择的重要作用。

---

① 傅志明（1983—），四川大学经济学院副研究员。

二、社会偏好与公共选择理论的基本内容

(一) 社会偏好

社会偏好是指一个社会群体对不同政策或状态的评价。这些偏好可以是关于收入分配、教育政策、环境保护、医疗保健等各个方面的。通过对个体偏好的聚合和整合，可以形成整体的社会偏好。社会偏好的形成受到个体经济、文化、社会地位等因素的影响。社会偏好理论研究如何从经济个体偏好得到整体的社会偏好，以及社会偏好的演变过程。该理论通常涉及心理学、社会学、经济学和政治学等多个领域。

首先，个人偏好受到内在因素、外在环境以及理性选择的影响。具体来讲，个人偏好受到如基因、个人经历、受教育水平等内在因素的影响，这些因素会塑造一个人对于事物的偏好倾向。同时，家庭、朋友、社区、媒体等外在环境和社会因素可以通过传统、观点塑造和社会压力等方式影响个人偏好。个人也会根据自己的利益、期望和价值观理性选择自己的偏好。个人偏好的表达形式分为个人的选择行为及言论，即个人通过其选择、行动及言论来揭示他们的偏好和价值观。

其次，通过加总个人偏好，可以得到社会偏好。这通常通过投票及问卷调查的方式表现出来。一方面，个人偏好通过投票被聚合成集体偏好，投票结果反映了社会对不同观点和政策的偏好。另一方面，通过问卷调查等方法，可以收集并分析社会对于特定问题或议题的偏好情况。同时，社会偏好可以通过社会福利函数表现出来。社会福利函数是用来度量社会总体福利或效用水平的函数。它将不同个体的福利或效用加总起来，反映整个社会的福利水平。社会福利函数的形式多种多样，常见的包括加权平均、边际效用等。社会福利函数在经济学和社会科学领域被广泛应用，用于评估不同政策对社会总体福利的影响。

最后，社会福利函数的设定需要考虑以下因素。第一，个体效用之间可能存在相互影响。个体的行为和决策通常会对其他个体产生外部性，这会反过来影响整个社会的效用水平。只有考虑了这种相互影响，社会福利函数才能更准确地反映社会福利。第二，社会效用函数的构建也需要考虑到不确定性和风险的影响。个体对不同选择的偏好可能受到风险和不确定性的影响，因此社会效用函数应当充分考虑到这些因素，以更好地描述个体和社会的行为和决策。

(二) 公共选择理论

公共选择理论是布坎南和塔洛克于 1962 年提出的一种政治经济学理论，

主要研究政府决策和公共政策制定过程中的行为和机制。公共选择理论的基本原理和核心观点主要包括以下几个方面：

第一，公共选择理论假设个人在政治和经济领域的行为是理性的。这意味着个体会根据自身利益最大化的目标来做出决策，包括对政策的支持或反对。理性行为是公共选择理论的基础前提，也是理解政治决策的重要角度之一。

第二，公共选择理论强调公共决策是一个复杂的过程。首先，政府官员和政治精英也是理性的个体，他们的行为往往受到政治激励和个人利益的影响。其次，公共决策不仅受到政府官员的影响，还受到选民、政党、利益集团等各方面的影响。政府决策还受到各种利益集团之间的博弈、政治竞争和权力争夺的影响。由于政府决策可能受到特定利益集团的影响，政府官员偏向于满足这些利益集团的需求，而不看重整个社会的利益。

第三，公共选择理论认为政府决策既可能偏离公共利益，也具有局限性。首先，由于公共选择的复杂性，政府行为可能偏离完全出于公共利益的假设。这一观点挑战了传统政府行为理论中政府代表公共利益的假设。其次，公共选择理论认为政府的干预可能会引入更多的扭曲和低效率。

第四，公共选择理论强调制度设计对于政治和经济体系的重要性。通过设计适当的制度和规则，可以减少政府权力的滥用，增加政府决策的透明度和负责任性，从而更好地实现公共利益。

总的来说，公共选择理论提供了一种理解政治和经济行为的框架，强调个体理性行为、政治决策的复杂性、政府行为的动机和局限性，以及制度设计对于政府行为的影响。这些核心观点对于理解政治经济学、公共政策制定和制度改革等方面具有重要意义。

（三）社会偏好与公共选择

公共选择理论认为，政府的职责是通过合理的政策选择和资源配置，使社会福利达到最大化。因此，公共选择应满足大多数社会成员的偏好和利益，即追求公共利益，社会偏好对政府决策起着重要的作用。虽然个人或特定利益集团可能会推动某些政策的制定，但政府通常会考虑整个社会的利益，并寻求社会福利最大化。在这种情况下，政府的决策会尽可能地满足广泛的社会偏好。同时，政府在制定政策时可能需要考虑到不同利益群体之间的矛盾和竞争。在这种情况下，政府可能会通过利益调和和妥协来平衡不同偏好，并寻求达成社会共识。

在公共经济学中，社会福利函数被用来评估政府决策对社会经济福利的影响，从而指导资源分配和政策制定。将公共选择理论与社会福利函数相结合，可以更准确地理解政府决策的动机和效果，为提高决策的透明度和效率提供理论依据。社会偏好对公共选择的影响主要体现在以下几个方面。第一，社会偏好影响公共物品供给。公共物品是指非排他性和非竞争性的产品，其供给往往需要政府介入。分析政府决策者的行为动机，结合社会福利函数评估公共物品供给的效果，可以指导政府如何更好地配置资源，提高公共物品的供给效率。第二，社会偏好影响社会需求管理。随着社会的发展，人们对教育、医疗、环境保护等公共服务的需求不断增加。公共选择理论可以帮助政府更好地理解社会需求背后的动机，通过社会效用函数评估不同政策对社会总体福利的影响，从而优化资源分配，满足社会需求。第三，社会偏好影响财政政策与税收政策的制定。结合社会福利函数可以评估政府支出和税收政策对社会总体福利的影响，从而制定更加符合社会利益的政策。

三、案例分析

社会偏好对政府资源配置、社会需求满足与政府政策选择等有着重要的影响。在公共经济学教学中，如何将这些理论概念引入课堂，并通过实践教学方法加深学生的理解与运用，是需要探讨的重要问题。一个重要的教学方式是引入具体案例进行分析。

（一）投票与个人偏好加总

投票是将个人偏好转化为社会偏好的典型机制。每个人的选票都代表了其个人偏好，因此在选举过程中，每个人都有平等的权利表达个人偏好，而选举结果则是所有个体偏好的加总结果，因此可以代表整个社会的偏好。

个人效用函数加总方式可以从几个不同的角度进行：一是给定权重来反映选民对不同因素的偏好，这是加权加总的方法。二是阈值法，选民可能会为每个因素设定一个阈值，只有当候选人满足或超过这个阈值时，才会对其产生正的效用值。如一个选民可能对候选人的诚信特点设定了一个阈值，只有当候选人的诚信得分高于这个阈值时，选民才会对其产生正的效用值。三是偏好排序法，有些选民可能会直接对候选人进行偏好排序，而不需要对每个因素进行具体的加权或阈值设定。他们可能会根据自己对候选人的总体印象和候选人在某些具体问题上的表现来进行排序，然后根据排序结果来确定每个候选人的效用值。四是综合评分，即选民在表达偏好时可能会将多个因素综合考虑，并给出一个综合的评分或打分。例如，选民可以根据候选人支持的政策、性格、领导能力等方面给出一个综合的评分，然后将这些评分用于计算个人效用值。

（二）社会偏好与交通基础设施供给

为了解决交通拥堵问题，政府通常会增加交通基础设施的供给，这包含修建道路、建设轨道交通系统等。在教学实践中，教师可以通过课堂讨论，引导学生分析政府提供交通基础设施的动机和效果，以及对社会总体福利的影响。

讨论内容可以包括以下三个方面。第一，动机分析。引导学生思考政府为什么会选择提供交通基础设施，帮助他们认识到政府的动机可能包括解决交通拥堵、促进经济发展、改善居民生活质量等方面。学生可以通过分析城市交通状况、政府政策文件等来理解政府的决策逻辑。第二，效果评估。让学生分析交通基础设施建设对城市交通、经济、环境等方面的影响。学生可以从减少交通拥堵、提高交通效率、创造就业机会、促进经济增长、改善环境质量等方面进行评估，综合考量各方面的影响。第三，社会总体福利影响分析。鼓励学生从整体福利角度出发，分析交通基础设施建设对社会总体福利的影响。他们可以考虑不同群体的利益得失，以及长期和短期的影响，形成更全面的认识。

（三）社会偏好与医疗卫生资源需求管理

由于人口增长、医疗技术的进步以及医疗资源的不均衡分配等，医疗资源供给不足的情况在很多国家和地区普遍存在。在教学实践中，教师可以组织学生开展角色扮演活动，模拟政府、医疗机构和公众的利益冲突，引导学生探讨如何通过公共选择理论的分析来解决医疗资源配置不均衡的问题。

教师可以引导学生从以下三个方面进行探讨。第一，角色扮演活动设计。将学生分成政府、医疗机构和公众三个角色，每个角色都有不同的利益诉求和责任。政府可能要考虑资源的分配、政策的制定，医疗机构需要关注医疗服务的提供和效率，公众则关注自身的健康需求和权益保障。学生通过模拟情景，能真实感受到不同利益主体之间的利益冲突和协调需求。第二，公共决策动机。引导学生学习公共选择理论，理解政府如何在资源有限的情况下进行决策，如何权衡不同利益并作出最佳的决策。通过讨论，学生可以探讨政府应该如何制定政策来解决医疗资源不足和不公平分配的问题，以及如何平衡不同利益主体之间的关系。第三，协商与解决方案。在角色扮演活动中，鼓励学生积极参与协商，提出各自的解决方案，并试图在保障公众利益的同时，尽可能满足医疗机构的需求，考虑政府的政策实施难度。这样的协商过程，可培养学生解决问题的能力和团队合作精神。

（四）社会偏好与环境保护政策选择

在全球环境问题日益突出的背景下，各国政府普遍认识到了环境保护的重要性。环境问题不仅直接影响人们的生活质量和健康，还对经济发展和社会稳定造成了不利影响。因此，政府需要通过制定环保支出和税收政策来促进环境保护，实现经济可持续发展。

教师在教学实践中，可以开展小组研讨活动，让学生分析环境保护对社会经济福利的影响，探讨政府应如何设计有效的环保支出和税收政策。具体地，教师在组织学生开展研讨活动时需要注意以下三个要点。第一，小组分工和研究内容。将学生分成若干小组，每个小组负责研究一个特定的环境问题和相关的政策措施。例如，一组可以研究大气污染问题和减排设施建设的环保支出政策，一组可以研究水资源管理和污水处理的环保支出政策，还有一组可以研究碳排放税和排污费等税收政策。第二，研讨会议和成果汇报。安排一定的时间供学生进行研究和讨论，然后组织研讨会议，让每个小组向全班汇报他们的研究成果和政策建议。通过研讨会议，学生可以分享彼此的见解和经验，促进思想碰撞和观点交流。第三，政策分析和评价。引导学生对各种环保支出和税收政策进行深入分析和评价，考虑其对环境保护、经济发展、社会公平等方面的影响。学生可以从成本效益、可行性、公平性等角度对政策进行评价，提出自己的观点和建议。

教学方法的选择与设计原则是教学活动中至关重要的一环。在探讨案例分析和开展教学实践时，教师需要根据学生的学习目标、知识水平和学习风格等因素，合理选择和设计教学方法。例如，针对案例分析，可以采用小组讨论、角色扮演、案例分析等方式，通过引导学生思考、互动交流，促进他们深入理解案例并从中获取知识。而对于教学实践效果的评估与反思，则需要教师及时观察和分析学生的学习表现和反馈意见，借助课后讨论、问卷调查、个人反思等方式，评估教学效果，发现问题，并对教学设计和方法进行调整和改进，以不断提升教学质量和优化学生学习体验。因此，教学方法的选择与设计应当遵循灵活性、多样性、学生参与性和反思性等原则，以实现有效的教学效果。

四、结论与展望

通过本文的探讨与分析，可以清晰地认识到社会偏好对于公共选择的重要影响，这有助于学生理解公共经济学原理和实践的框架，帮助他们更好地理解公共决策的过程及影响。未来的教学工作应当进一步拓展案例分析和实践教学方法，以丰富教学内容和提升教学效果。通过更多的案例分析，学生可以在实际问题中应用所学知识，加深对理论的理解和掌握。同时，通过实践教学方法，如角色扮演、小组讨论等，学生不仅能够积极参与，还能够培养解决问题的能力和团队合作精神。这样的教学模式不仅有助于提升学生的学习动力和兴趣，还能够培养更多具有财政学专业素养的高素质人才，为未来的社会发展和政府治理提供有力支持。因此，教师和教育机构应当持续关注教学方法的创新和实践，不断提升教学质量，培养更加优秀的财政学专业人才。

"政府预算"课程思政探索

钱 霞[①]

（四川大学经济学院，四川成都，610065）

摘要： "政府预算"是财政学专业的核心课。在该课程的教学中，进行课程思政探索具有重要意义。本文阐述了"政府预算"课程思政实施的关键问题，探讨了课程思政的实施途径，并以典型案例分析课程思政的实施，以期为课程思政提供借鉴。

关键词： 政府预算；课程思政

"政府预算"是财政学专业的核心课，教学内容主要包括政府预算管理基本理论、预算编制、预算审批、预算执行、政府决算、监督与问责等。课程旨在培养学生对政府预算管理理论和实践知识的理解和应用能力。在课程职能上，专业课程除了传授专业知识，还肩负着实现价值引领的任务。寓德于教，潜移默化，专业知识与价值引领形成协同效应，使大学生在新时代背景下更好地成长为建设者和接班人。"政府预算"课程的思政设计非常重要，除专业知识讲授外，还需要引导学生思考政府预算对公民福利和社会公平的影响，培养他们的公民意识和社会参与能力；培养学生对国家发展和社会进步的责任感；强调廉洁、透明的原则，培养学生的廉政意识，树立正确的权力观；培养学生的法治观念等。

一、"政府预算"课程思政实施的关键问题

课程思政的实施是一个系统工程，需要整体把握，系统设计，必须明确实施中的关键问题。

---

① 钱霞（1979—），四川大学经济学院讲师。

（一）课程思政实施的关键是发挥教师的主动性、创造性

习近平总书记在学校思想政治理论课教师座谈会上强调："办好思想政治理论课关键在教师，关键在发挥教师的积极性、主动性、创造性。"[1] 教师是实施课程思政的关键。教师是学生的重要引导者和榜样，教师的言传身教对学生产生重要影响。通过自身的言行和态度，教师能够传递正确的价值观，引导学生树立正确的世界观、人生观和价值观。教师需要根据课程要求和学生的特点，有针对性地设计和实施课程思政，将思想政治教育融入学科教学中，使学生在学习知识的同时能够接受思想政治教育。此外，教师能够通过与学生交流互动，了解学生的思想动态和需求，帮助他们树立正确的"三观"。总之，教师承担着引导学生、培养学生的责任和使命，是实施课程思政的关键。

（二）丰富的思政元素是课程思政实施的基础

丰富的思政元素是课程思政实施的基础。挖掘思政元素与专业知识的触点是课程思政实施的重点及难点。拥有丰富的课程思政元素才能将思政教育无缝融入学科教学中。围绕教学目标，挖掘思政触点才能避免课程思政生搬硬套。将思政元素与学科知识相结合，才能避免知识、能力培养与价值引领完全割裂，润物细无声地实现育人功能。

（三）形式多样的教学方法是课程思政实施的必要条件

教学方法在课程思政实施过程中起着重要作用。形式多样的教学方法有利于思政教育与学科教育有机结合，促进学生的思考与探索。除传统的讲授式教学外，教学方法应当注重学生的互动和参与，通过讨论、小组活动、角色扮演等方式，引导学生积极参与课堂，表达自己的观点和想法。教学方法的选择还应当注重个性化，结合学生的兴趣、特长和能力，激发学生的学习动力和积极性。

（四）科学的评价体系是课程思政实施的保障条件

科学的评价方法和标准，可以全面、准确地评估学生在思政方面的发展情况，避免主观评价和片面评价，确保结果的客观性和公正性。评价体系应综合考察学生的知识水平、思维能力等方面。多样化的评价方式，可以鼓励学生全面发展。同时，科学的评价体系能够为教师提供参考，及时调整和改进教学方

---

[1] 张烁、谢环弛：《习近平主持召开学校思想政治理论课教师座谈会强调 用新时代中国特色社会主义思想铸魂育人 贯彻党的教育方针落实立德树人根本任务》，《人民日报》，2019年3月19日第1版。

法和内容，提高课程思政的实施效果。

二、"政府预算"课程思政实施路径

（一）立足教学内容，充分挖掘思政元素

通过课程内容的梳理，挖掘思政元素，结合合适的教学方法和手段，将思政元素融入课堂教学。"政府预算"课程思政元素（部分）如表1所示。

表1 "政府预算"课程思政元素（部分）

课程内容	思政元素	教学设计及预期成效
预算基本理论	以两会新闻为切入点，引导学生认识预算	让学生了解学术志向与专业认知
现代预算起源	历史比较研究方法	引导学生思考预算改革中的民主性
预算管理体制	理论研究与制度诠释有机结合	让学生了解我国预算管理体制改革及财政事权与支出责任改革。增强学生对中国特色制度的认同
预算编制	理解预算决策机制，政府预算的编制应以公共利益为导向，引导学生思考公共利益的内涵、实现路径	角色扮演法。引导学生思考可持续理念在预算管理中的应用，思考预算与社会公平与公正
预算审批	解读国家账本，掌握政策动向，感悟民生温度	以两会新闻为切入点，解读国家账本，引导学生主动关注国家大事。更好认知人民代表大会在我国权力体系中的地位，深刻理解人民代表大会制度在保障人民当家作主中的重要地位
决算、绩效管理	落实政府责任、控制公共预算支出	课堂讨论，编制卫生院事前绩效评估指标体系。引导学生在政府理财中改进管理措施，提升管理水平，增强支出责任
预算监督与问责	预算法治与国家治理现代化	引导学生树立法治观念、廉洁观念
预算公开	预算民主化	案例教学法。让学生了解我国预算公开、财政公开的进展现状及取得的成效，分析面临的挑战，探讨深入推进政府预算公开工作，提高财政透明度的对策建议
预算制度比较研究	了解国外先进的理论和实践，为深化我国预算改革提供经验借鉴	借鉴国外的经验，坚持文化自信、制度自信

(二) 以丰富的形式将思政元素自然融入课程教学

思政元素融入专业课程教育时，一定要避免生搬硬套、单纯说教的形式，而应该循循善诱，引起学生的共鸣，启发学生思考，从而达到润物无声的效果。在教学设计上，坚持价值引领和多学科视角，将思政元素融入教学全过程，以知识传授为基础，政府预算管理工作流程为主线，立足我国政府预算法律和制度安排，借鉴国外先进经验，讲好中国故事。结合大学生的个性特点，改变过去单一的讲授式教学，运用各类网络资源，采取案例教学、角色扮演、课堂讨论等多种形式的教学手段，激发学生的学习主动性和积极性，将思政元素自然地融入课堂教学中，促进学生创新思维的培养，提升学生综合分析和运用知识的能力。

1. 案例教学法

对预算基本理论及预算工作的介绍，如果不结合具体政策、制度和做法，会让学生产生一种似是而非的感觉。要"接地气"，最好的办法就是案例教学，即通过对某事件具体的、生动的描述，分析和说明某种理论或政策。案例教学法使学生在校园内接触并了解到大量社会实际问题，有利于学生增加感性认识，开拓视野，缩短教学情境与实际生活的差距，较快实现从理论到实践的转化。同时，案例的讨论有利于启发学生思考，提升分析问题的能力，培养创新能力。

（1）重视案例的筛选。案例的选取要具有典型性，与讲授的理论知识有直接联系。教学案例不是为调节课堂氛围的小故事，必须能较好地服务于教学内容，能恰到好处的说明政府预算中的某一理论，或者反映预算改革的实际进展。案例的形式多样，可以是文字，也可以是视频、图片等。案例的选取避免单纯事例、数据的罗列，注意选取具有生动描述的案例，以更好地吸引学生。

（2）注重案例的多样化。案例主要包括介绍性案例和分析性案例。前者是对国内外有关制度或政策的介绍，如对国内外预算法律、制度和实务进行介绍，有助于学生知晓、了解某些知识。后者是对一些理论和实践展开分析，有助于学生思考有关问题。两类案例的功能各不相同。案例筛选过程中，要注意不同类型案例的搭配。比如，预算公开的学习中，引入案例"105家中央部门同日'晒预算'"，以及"省级、市级财政透明度的道路还有多远"，让学生了解我国预算公开、财政公开的进展现状及取得的成效，分析面临的挑战，探讨深入推进政府预算公开工作，提出提高财政透明度的对策建议。在预算监督及预算民主化的教学中，引入美国、巴西预算管理中公民参与的案例，介绍分析我国浙江温岭等地的参与式预算，进而展开对参与式预算适用领域及适用范围等的探讨，让学生更好地理顺公众、人民代表大会、政府在预算过程中的关系，更好地理解地方政府的制度创新有力地推动了预算民主决策进程。

（3）精心设计案例教学实施。教师根据教学目标，广泛收集、整理、分析资料，形成案例材料，思考并明确讨论主题。课堂上，教师阐明案例并开展要点分析，让学生充分理解案例有关内容。案例讨论可以自由讨论与小组讨论相结合。讨论过程中，除明显的错误外，教师一般不过多对发言进行干预打断，鼓励学生参与讨论争辩，激发创新思维。更好地锻炼学生语言表达、临场应变等能力。学生讨论完成后，教师及时对案例讨论进行点评和总结，尤其要肯定学生的新观点、新思想，启发学生进一步思考问题。比如参与式预算的教学中，结合浙江、广东等地的实践，引导学生思考公众参与度对这种预算方式的影响，参与式预算是否适合全面推广等。预算审批的教学中，通过部分区域预算修正的实践案例，让学生探讨人民代表大会预算修正存在的困境。

2. 角色扮演法

角色扮演法是通过让学生扮演不同的角色进行学习和交流的教学方法。它可以激发学生的学习兴趣和参与度，提高学习效果。学生扮演不同的角色，能够更深入地理解和感受所学知识的内涵，体验不同的立场，学习从不同的角度思考问题。同时，学生通过与他人合作，有利于培养团队合作与沟通能力。学生需要根据所扮演的角色进行情节构建，这要求他们思考和想象不同情景下的行为和反应，体验和感受所学知识在实际生活中的应用，加深对知识的理解。如在预算编制及审批的教学中，学生分别扮演资源申请者（各部门及基层单位）、主管职能部门、领导组织机构、立法机构，并模拟完整预算编制与审批的全过程。这种角色扮演的学习方法，不仅能让学生直观地理解"两上两下"的预算编制程序及审批流程，更能让学生体会预算过程中的利益博弈，从而促进学生深入思考影响预算的诸多因素。再如参与式预算的教学，除采用案例分析法，也可让学生扮演群众、人大代表、财政部门等角色，有助于学生更好理解不同群体的利益诉求以及民主实践。

3. 课堂讨论

有效利用课堂讨论，可以提高学生的课堂参与度，活跃课堂气氛。尤其是对于一些没有固定答案的问题，课堂讨论能激发学生的创新意识。例如，在绩效预算的讲解过程中，让各小组学生讨论设计卫生院事前绩效评估指标体系，了解绩效预算指标体系中的要素，探讨如何设计科学的指标体系。

（三）不断完善课程考核评价

为激发学生探索学习的主动性和积极性，可采取过程考核与终结性考核相结合，侧重于过程评价的考核模式。过程考核主要以小组 PPT 展示、小组角色扮演、课程论文、课堂讨论等方式为主。终结性考核改变过去让学生死记硬背的局面，侧重考查学生综合运用所学知识分析问题的能力，以及阅读的深度广度、逻辑思维、文字表达能力，题目具有一定的灵活度。

三、教学典型案例分析

以预算审批为例。首先，明确该部分的教学目标及难点。教学目标：理解预算审批的意义和主体，掌握预算审批的权限和类型，掌握预算审批的内容和流程，思考我国预算审批的主要流程及存在的问题和改进对策。难点：人民代表大会的"三审权"及预算编制过程中的多方利益博弈和人民代表大会的监督策略选择。在校大学生尚未参加实际工作，对国家机关的权力配置及权力运行认知有难度。其次，挖掘思政元素。解读国家账本，引导学生主动关注国家大事。更好认知人民代表大会在我国权力体系中的地位，深刻理解人民代表大会制度在保障人民当家作主中的重要地位。最后，进行教学设计并完成教学。以两会新闻为课程切入点，讲解人民代表大会制度以及立法机关履行审议预算的权力及程序，让学生分别扮演财政部、财经委员会、发言人、新闻媒体等角色，提出基于人民代表大会视角的解读，实现理论与实践的碰撞，深化理论知识的认知。

四、结语

课程思政要求全员育人、全程育人、全方位育人。"三全育人"也是未来高校人才培养的重要指导思想。政府预算课程蕴含着丰富的课程思政元素，选择并恰当运用教学方法，坚持价值引领与知识传授、能力培养并重，将课程思政融入专业教学中，将更好地落实立德树人的教学任务，实现教学与育人的高度统一。

参考文献

[1] 王焕良，马凤岗. 课程思政——设计与实践 [M]. 北京：清华大学出版社，2022.

[2] 张红伟. 中国特色国民经济管理人才培养的思考与探索 [M]. 成都：四川大学出版社，2023.

［3］王丽.《政府预算管理》课程教学范式改革诉求与创新实践［J］. 河北经贸大学学报（综合版），2020（12）：93－97.

［4］陈庆海. 案例教学法在《政府预算与管理》课程中的应用［J］. 合作经济与科技，2011（3）：108－109.

［5］卢真，李燕. 提高政府预算理论与实践研究生课程教学效果的思考［J］. 经济研究参考，2018（27）：65－68.

［6］肖鹏. 政府预算学科属性与研究生层次课程建设的思考［J］. 经济研究参考，2018（27）：59－65.

对财政学类课程教学改革的一些思考

朱　峰[①]

（四川大学经济学院，四川成都，610065）

摘要：财政学教学改革在当今经济学类高等教育领域占据着重要地位。本文基于财政理论框架，探讨了如何通过计量实证分析和其他教学实证活动来丰富教学内容，提高教学质量，培养学生的分析能力和实践能力。梳理财政学理论框架，结合计量方法，为财政学课程的教学改革提供了新的思路和路径。

关键词：财政学；课程；教学改革

一、引言

作为一门重要的社会科学，经济学对于理解和分析社会经济现象具有重要意义。它提供了一套系统的理论框架，包括供求关系、成本与效益、市场结构、资源配置等基本概念和理论。此外，经济学借助数学、统计学等工具，运用模型构建和实证分析的方法，对社会经济现象进行深入研究。财政学是经济学的一个分支学科，其理论基础根植于经济学的基本理论之上。例如，财政学中的税收理论、财政支出理论、公共债务理论等都是建立在微观经济学和宏观经济学的基础之上的。同时，财政学的研究对象和问题也与经济学密切相关，例如税收政策与经济增长、财政支出与社会公平、公共债务与宏观经济稳定等。

随着经济发展的不断变化，财政学教学也面临着新的挑战和机遇，财税教学改革成为高等教育领域的重要议题之一。本文将以财政学课程为例，探讨如何运用计量实证分析来丰富课程内容，提高教学质量，培养学生的分析能力和

---

① 朱峰（1989—），四川大学经济学院讲师。

实践能力。

二、经济学和财政学理论框架的引入

(一) 经济学理论框架的演变

经济学理论框架随着时间的推移不断演变，从古典经济学到新古典经济学，再到现代经济学，不同的理论框架对于经济现象的解释提供了不同的视角和方法。古典经济学强调自由市场和自由竞争的重要性，认为市场机制能够自动调节资源配置，并提出了劳动价值论、边际生产力理论等经济学核心概念。新古典经济学强调边际效用和边际成本的概念，提出了供求均衡理论、消费者行为理论等，为后来的微观经济学奠定了基础。现代经济学不仅关注市场失灵和政府干预的问题，还着眼于对信息不完全、不确定性和心理因素等的深入研究，拓展了经济学理论的范畴。这些不同的视角和方法丰富了人们对经济现象的理解，为经济学的发展提供了多样化的思路和途径。

(二) 财政学理论框架的演变

财政学理论框架的演变是财政学发展历程中的重要组成部分，它反映了财政学在不同历史时期对财政现象和问题认识的演进过程。财政学的理论框架经历了古典财政学、新古典财政学和现代财政学的发展历程：在古典财政学阶段，人们对财政问题的认识主要集中在国家财政管理、税收和财政支出等方面，强调财政的稳健和合理性。新古典财政学强调了税收和支出的效率性和公平性，提出了边际税收理论、边际成本理论等，试图通过市场机制来优化资源配置。现代财政学强调了政府干预的合理性和必要性，提出了主动财政政策和自动财政政策的理论框架，探讨了财政与经济增长、就业和通货膨胀之间的关系。

随着经济全球化、信息化和科技进步，新兴财政学分支不断涌现，如行为财政学、实验财政学、环境财政学等。这些分支学科通过结合其他学科的理论和方法，拓展了财政学研究的范畴。新兴财政学分支更加注重财政政策的实证研究和政策效果评估，探索了财政政策在不同环境下的适用性和效果，为财政学的进一步发展提供了新的思路和方法。财政学理论框架的演变反映了人们对财政现象和问题认识的深化和拓展，不同阶段的理论框架相互补充和推动，共同促进了财政学的发展和进步。

(三) 财政学教学改革需求

从教学改革的需求出发，针对财政学类课程改革的要求体现在以下几个方面。

第一，随着经济全球化、信息化和科技进步，财政领域的理论和实践面临着新的挑战和机遇。传统的财政学教学内容可能无法完全满足学生对于财政领域知识的需求。

教学改革需要根据当前经济发展的实际情况，更新教学内容，引入新的理论、方法和案例，使学生能够更好地理解和应对当今复杂的财政经济环境。

第二，传统的财政学教学往往偏重理论知识的传授，而缺乏对实践能力的培养。随着就业市场的竞争加剧，用人单位更加看重学生的实际操作能力和解决问题的能力。

教学改革需要通过引入案例分析、实地考察、模拟演练等实践性教学方法，提升学生的实践能力和应用能力，使其能够在实际工作中灵活运用所学知识。

第三，传统的课堂教学方式已经不能完全满足学生的学习需求。教学改革需要引入多元化的教学方法和手段，如在线教育、混合式教学、小组讨论等，以满足不同学生的学习习惯和需求。同时，还可以通过增加课程设计的灵活性和多样性，结合实际案例和项目实践，提高学生的参与度和兴趣，提高教学效果和质量。

第四，财政学作为一个跨学科的学科，与经济学、政治学、社会学等领域有着密切的联系。教学改革可以借鉴其他学科的教学经验和方法，促进学科之间的交叉与创新。引入跨学科的案例分析和项目设计，可以丰富财政学课程内容，拓展学生的思维广度和深度，培养跨学科的综合能力和创新精神。

三、计量实证分析在教学中的应用

计量实证分析是经济学中常用的研究方法之一，它通过搜集数据，建立模型，进行统计分析，从而验证经济理论的有效性。识别因果关系是计量实证分析的一个重要功能，在经济学和其他社会科学领域中具有重要的理论和实践意义。计量实证分析识别因果关系的方法如下：

第一，实验设计是识别因果关系的最有效方法之一。在实验中，研究者可以随机分配实验组和对照组，使得除了处理变量以外，其他条件保持一致，从而可以更加准确地识别因果关系。例如，经济学家可以设计实验来评估某项政策对经济变量如就业率、经济增长率等的影响。

第二，自然实验是利用自然界或现实生活中已经存在的实验条件来进行研究。在自然实验中，研究者利用自然的随机性或者类似实验组和对照组的条件，来识别因果关系。例如，经济学家可以利用某一地区的政策变化或自然灾害等事件，来评估其对经济变量的影响。

第三，工具变量法是一种常用的计量经济学方法，用来解决内生性问题，即被解释变量与解释变量之间可能存在双向因果关系或未观测到的混淆因素。通过引入一个外生的工具变量，该方法可以消除内生性问题，并帮助识别因果关系。

第四，面板数据分析是利用面板数据进行研究和分析的方法，可以帮助识别因果关系并控制个体固定效应和时间固定效应。通过控制这些固定效应，面板数据分析可以减少内生性问题，并提高因果关系的识别准确性。

第五，断点回归设计是一种利用政策变化或自然条件的阈值来识别因果关系的方法。在断点回归设计中，研究者可以通过观察阈值附近的变化，来确定因果关系是否存在。例如，经济学家可以利用最低工资政策的实施时间点作为断点，评估其对就业率的影响。

借助上述计量实证工具，经济学家可以基于现实数据评估政策的效果和影响，为政府和企业的决策提供科学依据。例如，可以通过计量方法来评估某项政策对经济增长率、就业率、贫困率等指标的影响，为政府决策提供参考。财政学作为经济学的一个重要分支，可以通过计量实证分析来研究财政政策如税收政策、财政支出政策等对经济的影响。

四、对财政学课程结合计量实证分析的思考与建议

在财政学课程中，可以引入实际的计量实证分析案例，让学生通过分析真实数据来理解财政政策的效果和影响。需要注意的是，虽然计量经济学与数学、统计学关系十分密切，但其归根到底是一门经济学，需要研究者在系统掌握经济学理论知识的前提下正确掌握和运用。在计量经济学教学实践中，学生对计量经济学知识的掌握出现偏差的原因之一，即完全陷入对统计学知识的追逐，而忽视了经济学逻辑的分析。例如，在进行计量实证分析时，仅仅注重得到两个可能存在联系的变量的显著系数，而忽视了背后的逻辑分析，设计了一个不合逻辑的研究主题；在选择控制变量时，由于忽视了控制变量要与因变量和自变量都存在相关关系，因而选择了很多不合适的控制变量。特别是对于财税专业的学生而言，其专业知识离不开对我国财税政策法规、财经运行情况的了解与掌握，因此在利用计量工具研究相关问题时，更应当注重财税理论思想与计量方法的结合。

结合上述目标，笔者提出财税计量教学需要注意以下几个方面。

第一，要以正确的指导思想为导向。

虽然计量经济学是一门方法论课程，与线性代数、概率论与数理统计等知识结合得十分紧密，但在教授过程中也需要以立德树人为目标，在挖掘课程思政优势的同时引导学生培养正确的理想信念和爱国、爱党情怀，具有高度的社会责任感以及良好的思想品德、社会公德和职业素养[①]。财税专业授课教师更需要重视学生的思想政治动向，帮助学生理解我国财政收支活动背后的政策目标和政治方向，从而培养践行社会主义核心价值观、具有社会责任感、适应我国财税实践需要的人才。

一方面，从计量经济学课程知识出发，挖掘可能存在的思政元素。计量经济学的一个重要内容是因果识别，"相关关系不是因果关系"贯穿了整个计量经济学的教学始终。教师在教授因果识别相关知识时，即可借助现实社会、政治和经济等问题，帮助学生理解这一要点。例如，在突发社会事件面前，面对网络媒体中充斥的各种信息，判断这些信息的可信程度，坚持不信谣不传谣，就需要用到因果识别的相关知识；面对网络媒体所提供的文史知识、科普文章等内容，判断其内容的真实性，也需要灵活运用因果关系识别理论。在讲解因果关系识别理论过程中，引导学生坚定理想信念、辨别信息真伪是这门课程的独特优势。

另一方面，在讲解计量经济学应用方面的知识时，可以结合党和国家的大政方针和重要政策培养学生的政治敏感度。财税专业学生的学习内容与政府收支活动有着密切联系，学生要特别熟悉政府所实施的各类财税政策，而政策效果识别是计量经济学研究的重点之一，因此结合政策识别展开思政教学是财税计量课程的独特优势。在结合政策识别开展计量经济学教学时，授课教师可以为学生详细讲解这一政策的实施背景和目的，判断这一政策的实施效果等。这能够帮助学生理解我国当前财税政策的出台背景和实施逻辑，更加直观地掌握政策内容。

第二，要熟练掌握经济学理论框架。

计量经济学研究的是两个经济变量之间的因果关系，二者是通过哪些渠道产生联系的，相关性是正或负，这些都需要经济学理论来解释。在经济学理论体系中，马克思主义经济学、微观经济学、宏观经济学等基础课程刻画了消费者、厂商、政府等经济主体之间的联系，为使用计量工具考察变量之间的因果

---

① 米国芳：《"计量经济学"课程思政教学改革与探索》，《黑龙江教育（高教研究与评估）》，2022年第7期，第54页。

关系、进一步分析产生机制提供了理论基础。因此，教师在开展财税计量教学时，可以结合具体的实证文章和案例，为学生搭建起理论分析框架，再逐步引导学生理解计量分析方法如何验证理论假设，并检验理论假设背后的产生机制。这一方面回归了计量经济学是一门经济学的本质；另一方面也能够帮助学生破除对计量经济学的陌生感和抵触感，更容易接受计量实证分析工具背后的逻辑和原理。

以税收政策实施效果的评估为例，微观经济学、宏观经济学中的税收理论即这类文献的理论基础。在为学生梳理税收政策的影响时，可以从税收如何改变企业的各项成本出发，分析税收政策的变动如何影响企业的投资、雇佣、研发等行为，进而影响企业的收益。在影响收益的基础上，进一步考察企业内部的收入分配等如何因税收政策改变而发生变化。通过对税收政策影响企业行为的逻辑链条进行梳理，学生能够明确税收政策对企业的相关经济变量会产生怎样的影响、影响的机制是怎样的，进而明确应该如何设计实证策略研究问题。

第三，正确理解因果识别的本质，掌握常用计量实证方法，理解这些方法克服内生性的原理。

计量经济学研究包括因果识别和预测两方面内容，财税计量教学中的政策效果评估与因果识别结合得更为紧密。因此，在教学过程中教师更需要结合因果识别为学生讲解计量工具背后的含义。特别是要让学生明确因果识别过程中的五个重要威胁（遗漏变量偏误、数据测量误差、逆向因果关系、样本自选择偏误和函数形式误设等），培养学生对威胁因果识别因素的敏感性和辩证思维。在此基础上，帮助学生理解实证模型的设定是围绕因果关系进行的，因此控制变量的选取应当谨慎；实证分析中应当关心关键解释变量的系数，控制变量的系数允许出现估计偏误；反映模型整体估计效率的 R^2 等指标更多的是为计量实证分析提供参考。

在理解因果识别本质的基础上，授课教师可以将重点适当放在克服内生性的两类实证方法上：一是工具变量法，二是准自然实验。后者包括双重差分、断点回归、合成控制法等。授课教师可以结合实证文献，为学生逐一讲解上述方法实现因果识别的原理、这些方法在使用过程中有哪些注意事项、如何检验上述实证方法的稳健性等。在结合文献讲解的过程中，帮助学生掌握常用实证方法的运用技巧，从而培养学生的科研兴趣和科研能力，助力毕业论文的撰写。

第四，适当结合上机操作，帮助学生掌握实证方法的运用。

计量经济学的应用与计算机的关系十分密切，Stata 是目前实证分析研究中应用最为广泛的软件之一。计量经济学理论和方法的应用，对于计算机和相关软件的运用十分依赖，特别是各变量系数估计和假设检验都需要使用计算机[①]。因此，在讲解计量经济学实证方法的过程中，授课教师应适当设置上机课时，帮助学生学会使用计量软件处理数据、进行初步的描述性统计，进而得到最终的实证分析结果。学生在上机实操的过程中，能够进一步加深对计量实证分析方法的理解，有助于产生对计量经济学的兴趣，提升实践能力。

五、结语

教学改革是高等教育领域的迫切需求，而财政学课程的教学改革更是对学生进行综合能力培养的重要途径之一。在财政学的教学活动实践中，任课教师要注重整合经济学和财政学的理论框架，帮助学生深入理解财政学、经济学的基本原理；引入实证研究案例和数据分析技术，培养学生的实证研究能力，使其能够运用实证分析方法解决财政经济领域的实际问题；在课程设计中引入案例分析、项目设计、模拟演练等实践性教学活动，帮助学生更加深入地了解财政经济学的理论和实践，并培养学生解决实际问题的能力。教师通过实施以上措施，培养学生分析我国财税领域重大战略问题的能力，为学生未来的职业发展和社会责任做好充分准备。

参考文献

[1] 财政学类教指委课题组，樊丽明，刘小兵，等. 切实加强财政学类专业实践教学研究 [J]. 中国大学教学，2016（3）：80—85.

[2] 王少平，司书耀. 论计量经济学教学中的能力培养 [J]. 教育研究，2012，33（7）：110—114.

[3] 郑展鹏，陈少克，吴郁秋. 新文科背景下经济学类一流专业建设面临的困境及实践 [J]. 中国大学教学，2022（9）：33—39.

[4] 李俊生. 财政学课程本科阶段体系建设路径初探 [J]. 中国大学教学，2020（9）：8—16+27.

[5] 余伟. 引入因果关系分析的本科计量经济学教学改革研究 [J]. 高教学刊，2024，10（9）：9—13.

[6] 米国芳. "计量经济学"课程思政教学改革与探索 [J]. 黑龙江教育（高教研究与评估），2022（7）：53—55.

---

① 王少平、司书耀：《论计量经济学教学中的能力培养》，《教育研究》，2012年第7期，第113页。

主流因果推断方法在财政学本科教学中
的运用与思考

李 尧[①]

（四川大学经济学院，四川成都，610065）

摘要：财政学作为一门"入世"的学科，一项重要的职责在于科学评估财政、税收、公共服务及其他领域公共政策的效应，从而为政策的制定和改革提供科学依据。因果推断方法的形成和应用则为公共政策的科学评估提供了有力的工具。本文从财政学学科定位以及人才培养的角度探讨了财政学专业本科生学习因果推断的必要性，随后结合笔者自身在教学中的体会，介绍了针对财政学本科生因果推断教学侧重点以及对教学内容安排的思考。

关键词：因果推断方法；财政学本科教学；课程设计

一、引言

早在 20 世纪 80 年代初，Leamer 就提出，计量经济分析中对待数据极不严肃的问题广泛存在，回归分析中模型设定以及控制变量选择的随意性导致估计结果非常脆弱，因此必须对实证结果进行敏感性检验。到 20 世纪 90 年代初期，随着数据可得性、计算机辅助计量技术的大幅改善以及计量经济学自身的发展，现代经济学爆发了一场因果推断革命。这场因果推断革命的影响是极其深远的，它不仅推动了经济学等社会科学领域的研究方法革新，使得经济学家的研究变得更加"有趣"，而且令公共政策评估变得更具科学性，从而有助于为公共政策制定提供更加可靠的经验证据。

计量经济学将客观经济活动中的变量分为相关关系和因果关系。相关关系

[①] 李尧（1993—），四川大学经济学院助理研究员。

是指两个以上变量的样本观测值序列之间表现出来的随机数学关系。因果关系是指两个或两个以上变量在行为机制上的依赖性，作为结果的变量是由作为原因的变量决定的，原因变量的变化引起结果变量的变化。具有因果关系的变量之间一定具有统计上的相关关系，而具有相关关系的变量之间并不一定具有因果关系。在目前的研究当中，因果推断的运用主要体现在两个方面：一是政策评估，即针对某项公共政策在某一领域形成的效应或对某一群体产生的影响进行科学的检验，从而评估政策的效果，并对未来政策的调整提供科学依据；二是借助某项政策形成的外生冲击，检验两个变量之间的因果关系，从而尽可能减少潜在的遗漏变量、双向因果等内生性问题，获得真实的因果效应。

2021年诺贝尔经济学奖颁给了用因果推断的方法在经济学领域中的实证研究。其中，戴维·卡德和乔舒亚·安格里斯特、吉多·因本斯分别因为对劳动经济学的实证贡献以及对因果关系分析的方法论的贡献而获奖。值得注意的是，戴维·卡德在从事劳动经济学研究的过程中也大量使用了因果推断方法，特别是双重差分的实证研究方法。2021年诺贝尔经济学奖的颁发使得因果推断在实证研究乃至整个经济学研究中的重要性再一次获得提升和受到关注，无论是在科研还是教学工作中，因果推断方法都受到了空前的重视。笔者于近年也在工作单位尝试开设了针对本科生的因果推断课程，现就教学过程中的体会和思考做简要的汇报阐述。

二、财政学专业本科生学习因果推断的必要性

如果我们将目光收回到国内应用经济学，特别是财政学专业的教学与培养之上，可以发现，近年来无论是学位论文评阅还是各类学术竞赛、学术会议、保送研究生项目的评选，对实证论文的质量要求均出现了明显的提高。这一点对于硕、博士研究生学位论文自然是毋庸置疑的，除了极少数极具重要性或故事性的选题，在其余大部分的选题之下，基于实证分析研究范式的硕、博士论文如果不考虑并试图解决潜在的内生性问题，则很难顺利通过匿名评阅。而对于本科生的学位论文以及竞赛、保研论文，近年来对实证研究结论可信度的要求也出现了明显的提升，简单的回归分析已难以满足高质量实证论文的要求。这一方面是由于因果推断在整个经济学实证研究中的重要性不断提高；另一方面，是考虑到本科生尚处于文献研读与写作能力积累的起步阶段，不能在选题的重要性、故事性方面对其提出过高的要求，而与此同时，本科生在方法、技术学习方面具有较大的潜力，可以通过其论文写作充分考查他们这方面的素养、潜质与学习态度。

财政学作为"财"与"政"的结合，具备鲜明的实践性、政策性特征。党的十八届三中全会作出了"财政是国家治理的基础和重要支柱"[①] 这一重要论断，标志着财政与财税体制成了国家治理体系中的一个重要组成部分。随着财政与财税体制职能及定位的转变，财政学的学科属性与定位也将发生前所未有的变化，财政学将不仅具备应用经济学发掘和揭示经济主体运行普遍规律的一般性职能，而且还必须立足本土，服务时代发展。也就是说，财政学的学科定位与发展必然更加强调将经济学的一般理论、研究方法同本国的具体实际相结合。

在这样的背景下，未来的财政学研究和教学必然会更加强调立足现实，运用科学的方法探索和揭示现象背后的逻辑机理或一般规律。结合前文所述因果推断的两个主要应用方向不难预见，因果推断在财政学专业研究和教学中的运用价值将会进一步凸显。经济学中主流的因果推断包括随机试验方法、匹配方法、双重差分法、断点回归设计以及工具变量法等。纵观现有的研究不难发现，上述研究方法在财政学理论假说检验以及公共政策评估中正发挥着越来越重要的作用。目前培养的财政学专业本科生将成为未来财政实践及科研领域的主力军，无论是从财政学学科发展的角度看，还是从财政自身作为国家治理的基础和重要支柱这一使命定位的角度看，掌握科学的思想方法对于财政学专业的本科生而言都是有必要的。

三、针对财政学本科生因果推断教学侧重点的思考

诺贝尔经济学奖得主乔舒亚·安格里斯特将其久负盛名的因果推断著作命名为《基本无害的计量经济学：实证研究者指南》，这一命名蕴含了因果推断方法的实用意义，揭示了因果推断教学应服务于实证研究的终极目标。目前国内高等院校的培养方案中，财政学专业的本科生均需接受"微观经济学""计量经济学"等经济类基础必修课的学习，因此财政学专业学生都对基本的回归分析方法、原理具有不同程度的了解或掌握。但在实际的教学中不难发现，大部分学生对计量经济学原理的学习感到较为吃力，大量的推导令很多学生望而生畏。更重要的是，在国内目前较为普遍的教学方式中，计量经济学原理的教学本身更偏重于推导。我们必须认识到，对计量经济学基本原理的把握是正确使用计量经济学方法的前提基础，在缺乏对基本原理理解的情况下盲目开展实证研究很可能出现方法误用、滥用，回归结果解释谬误等问题，这在已有的实

---

① 《中共中央关于全面深化改革若干重大问题的决定》，人民出版社，2013年，第19页。

证研究中并不鲜见。但与此同时，对于学生特别是本科生而言，如果学习中仅侧重于基本原理的推导，则可能会使相当一部分学生难以理解原理和运用之间的关系，从而将二者割裂开来：对待计量经济学的理论学习，将其作为一门必修课中的"硬课"，学习的过程均围绕通过考试这一目标进行；对待计量经济学的应用，则倾向于脱离理论基础，讲求快速上手、快速做出实证结果，通过网上查询软件命令等方式完成实证研究，忽视方法背后的基础理论和逻辑。基于此，笔者认为针对本科生群体开展因果推断的相关教学，需要统筹把握计量理论与方法应用之间的平衡，以计量理论为基础，以方法应用为目标和重心。

财政学作为一门的学科，一项重要的职责在于科学评估财政、税收、公共服务及其他领域公共政策的效应，从而为政策的制定、优化、调整、改革提供科学依据。因此，针对财政学专业本科生开设的因果推断课程更加需要重视方法的应用。同时必须指出的是，强调应用绝不意味着对方法的盲目使用。笔者在参与财政学本科生推免面试的过程中发现，那些来自国内各大高校的申请者不仅拥有在毕业院校排名领先的成绩绩点、丰富多彩的实践和参赛经历，其中的一部分还在面试环节展示了其在本科阶段使用双重差分等因果推断方法完成的实证研究论文。然而通过简短的交谈却不难发现，其中不少学生在使用因果推断方法时对方法的原理、逻辑乃至基本的使用条件、适用领域并不了解，表现出明显的为用方法而使用方法倾向，这显然背离了学习因果推断方法应有的初衷。

针对财政学本科生因果推断教学侧重点，笔者认为应当统筹好原理和应用之间的关系。一方面，对于任何研究工具、方法的使用必须清晰知晓其背后的基本原理和逻辑，准确无误地了解该方法的适用范围、前提条件。另一方面，也需要考虑到一些具体的现实。如本科生在计量经济学理论和应用方面知识储备比较有限。又如应用经济学本科生在实证论文写作方面对使用因果推断方法具有较高的热情，同时基于毕业论文写作时间较为紧迫、各类竞赛论文对实证方法要求逐年提高等原因，应用经济学本科生对使用因果推断方法也具有较为迫切的需求，因此在因果推断的教学中确实也必须强调应用，以应用为核心目标。针对财政学本科生因果推断教学需要首先讲述理论，但这里的理论主要不是计量经济学的数理推导，更多的应当是因果识别的基本思想、因果推断方法背后的基本逻辑。有鉴于财政学作为"入世"学科经世致用的特征，在具体的教学环节中可以首先以现实中的经济现象、财税政策导入，提出背后的因果识别问题；其次借助已有的针对相关经济现象与政策的研究介绍相应的因果推断方法；最后，通过研究结论再次回到现实，引导学生思考经济学研究对现实，特别是对财税政策的制定与改革应产生怎样的指导意义。下文为实际教学中的一个例子，用以具体说明。

随机对照实验（RCT，Random Controlled Trial）是经济学主流因果推断方法之一，但其最初从统计学引入应用性研究是在医学领域。杰弗里·马歇尔等人于1948年开展了人类历史上的第一个随机对照实验，该实验检验了链霉素对原发型肺结核的治疗效果及安全性。随机对照实验被引入经济学研究最初是在行为经济学领域，如 Giné et al. 关于辅助戒烟机制（CARES，Committed Action to Reduce and End Smoking）的研究。近年来在企业管理等领域也出现了随机对照实验的身影，如 Cai and Wang 发表在经济学顶级期刊 The Quarterly Journal of Economics 上的研究，基于随机对照实验的方法考察了企业内部员工反馈机制对个体绩效以及团队绩效的影响，发现让员工参与评估他们的管理者可以减少50％以上的员工流失。尽管干预不会影响个人生产力，但团队水平的生产力确实会显著提高；又如 Nicholas et al. 基于实验方法研究了单位-居家混合办公模式（WFH）对企业员工工作效率的影响，值得一提的是，该项研究的作者之一是著名企业家、经济学家梁建章，该项实验研究的实施很大程度上有赖于其经营企业的支持。

在针对财政学本科生的因果推断教学中，笔者首先通过现有文献中关于吸烟危害的研究，引入了政府及有关社会组织积极开展辅助戒烟行动的动机。随后引导学生思考，如果直接通过观察法研究吸烟经济成本与戒烟行为之间的因果关系，将会面临怎样的因果识别威胁，即内生性问题。紧接着，引入 Giné et al.关于辅助戒烟机制的研究。该项研究招募一批吸烟者，根据吸烟者的生日把他们随机分为 CARES 组、Cue Card 组和控制组，如表1所示，对三组成员采取三类截然不同的处理方式：要求 CARES 组开设一个银行账户，让其自愿地在6个月内以一周一次的频率向账户存款（建议的存款数额为一周购买烟草的金额），如果6个月之后该组成员通过尼古丁尿检，则可以取回存款，否则扣除全部存款用于戒烟公益宣传；Cue Card 组不开设银行账户，仅定期发放劝诫戒烟的宣传资料；而对控制组不采取任何措施。该项实验最终的研究结果表明，6个月之后 CARES 组的烟草戒断率比控制组高出5.8个百分点，而 Cue Card 组戒断率与控制组不存在显著差异；12个月后 CARES 组的烟草戒断率与控制组的差距仍然保持在5.7个百分点。这一结果至少说明两方面的问题：第一，采取经济手段提高吸烟的成本，能够产生显著的辅助戒断效果；第二，仅采取宣传劝诫的方式很难达到辅助戒烟的目的。此时，可以与学生共同探讨，这项基于实验方法的研究究竟有没有解决我们一开始提出的因果识别潜在威胁。

表1　辅助戒烟实验的分组

CARES组	Cue Card组	控制组
自愿地在6个月内以一周一次的频率向账户存款（建议的存款数额为一周购买烟草的金额）；如果6个月之后该组成员通过尼古丁尿检，则可以取回存款，否则扣除全部存款用于戒烟公益宣传	不开设银行账户，仅定期发放劝诫戒烟的宣传资料	不采取任何辅助戒断措施

其次，笔者引导学生思考，这项研究的结论能够为经济政策特别是财税政策的制定带来怎样的启发。学生很快想到，烟草税按烟草购买量等比例征收，实际上提供了吸烟的经济成本，按照上述研究的结论，能够在一定程度上产生辅助戒烟的效果。学生表示，一部分人可能会认为对烟草征收重税的主要目标是获得更多的财政收入，但这项研究的结论反映了烟草税更为重要甚至可能是真正的征收意图。部分学生经过思考表示，是否可以进一步研究烟草税具体的税率和税制设计，从而达到更好的辅助戒烟效果。将这项实验研究的结论回归到财税政策的制定和改革，也让学生进一步认识到经济学研究经世致用的初心与价值。

最后，笔者还展示了该项研究收回的统计数据中，控制组实验项目开展6个月和12个月之后的戒烟率分别为12.7％和13.7％，这在某种程度上反映了实验本身可能存在的不足。学生经过引导思考认为，这项实验在招募实验对象的过程中可能存在样本选择偏差。因为愿意应征参加戒烟实验的人群往往是吸烟者中具有一定戒烟意愿的人，而那些不具备任何戒烟意愿的人很可能根本不会出现在该项研究的实验对象之中。由此引发的潜在问题是，实验结论可能低估了经济手段辅助戒烟的效果。由此，学生进一步了解到，即使是发表在经济学顶级期刊上的研究，也难以做到无懈可击，因果推断方法的应用关键在于回应重要的理论或现实问题。

根据上述教学中的具体事例，可以发现在针对财政学本科生的因果推断教学中，需要重视问题导向，做到从实践中来、到实践中去，这样有助于学生理解作为财政学专业的学生，为什么要学习掌握因果推断的方法，怎样去学习方法，以及掌握方法的最终目的。

四、对教学内容安排的思考

上文讨论了针对财政学本科生因果推断教学的侧重点和主要目标，在此基础上，本文进一步讨论教学内容安排。上文提到，在使用因果推断工具之前，必须充分了解工具背后的思想逻辑、适用范围，对于本科生的教学尤其需要重视这一点。基于此，笔者认为在教学中需要首先向学生教授和探讨的问题是：什么是真正的因果关系。

我们在生活中使用"因为……所以……""由于……因此……"之类的连接词，表明日常生活中存在大量人们认定的因果关系。如民谚"天下雨则地皮湿"反映了下雨和地表潮湿之间的因果关系；又如晏殊《蝶恋花·槛菊愁烟兰泣露》中的名句"昨夜西风凋碧树"，暗含了昨夜西风与碧树凋零之间的因果关系。但事实上，这些所谓的因果关系不过是人们对长期观察的一种经验归纳。正如大思想家大卫·休谟所说，人类无从认识因果关系，我们常常观察 B 事物在 A 事物之后，久而久之，就以为 B 事物必然伴随 A 事物，这不过是一种蹩脚的归纳法使然。[1] 真正的因果关系识别必须建立在"反事实"的基础上，正如约翰·穆勒所说，如果一个人吃了某道菜之后死了，那么只有当他在同一时刻没有吃那道菜之后活着，这两种状况都被我们观察到，我们才能说这道菜是他死去的原因。[2]

随后可以通过一些具体的研究案例，特别是财税领域的研究案例向学生阐明把握因果关系的重要性。例如，2011 年 1 月召开的国务院常务会议同意在部分城市进行对个人住房征收房产税改革试点，具体征收办法由试点省级行政单位从实际出发制定，由此拉开了房产税改革试点的序幕。由于房产税是在住房持有环节进行征税，理论上会提高住房持有的经济成本，从而挤出部分投资性、投机性的持有行为，进而遏制房价过快上升。但通过对比 2011 年 3 月前后试点城市重庆市的房价数据，我们可以看到，在房产税开征之后，重庆市的房价呈现出明显的上升态势。基于观察法很可能得出这样一个结论：实行房产税不但没有降低房价，反而导致了房价上升。这样的结论将会误导财税政策的制定与调整。而经济学家基于合成控制法等一系列因果推断工具的研究发现，房产税对试点城市的房价上涨有显著的抑制作用，房产税使得试点城市的平均房价相对于其潜在房价下降了 156.61350.80 元/平方米，下降幅度达到 5.27%（刘甲炎和范子英，2013）。

在了解了什么是真正的因果关系以及因果推断的重要性之后，另一个必须

---

① 大卫·休谟：《人性论》，关文运译. 商务印书馆，2016 年，第 10 页。

② John Stuart Mill：A system of logic, in Collected works of John Stuart Mill, University of Toronto Press, 1973.

了解的内容是因果推断所面临的几个主要的潜在威胁，包括遗漏变量、双向因果、选择偏差、度量误差等。这一部分内容可能涉及较多的计量经济学公式推导，但笔者认为，即使学生对这部分内容感动较为枯燥和吃力，也必须将其安排在课程之初，并赋予该部分内容足够的教学时间。因为只有掌握了因果推断的潜在威胁，才谈得上正确应用因果推断工具去应对研究中的具体问题。由于现实中财政税收领域存在大量的政策和改革，其中的很多都比较适合当作实证研究中的准自然实验，于是我们时常可以看到在一些财税专业的本科生论文竞赛或毕业答辩中，双重差分、断点回归等因果推断方法被较多学生使用。但遗憾的是，当被问及为何使用某一方法时，不少学生未能回答出自己使用该方法试图处理的内生性问题。部分学生表示看到某篇论文或听从教师建议而使用了因果推断方法，其动机在于使自己论文看起来更具专业性。这种做法显然是舍本逐末、本末倒置。学习和运用不同的因果推断方法应对不同的内生性问题就如同掌握不同类型的武器之后走上战场应对敌人，不仅需要知道不同武器的特性和操作方法，更需要了解敌人是谁、具有怎样的特征。因此，在针对财政学本科生的因果推断教学中，必须安排充足的教学时间，讲述因果推断的几大潜在威胁及其背后基本的统计学、计量经济学原理。

在完成上述内容的教学之后，可以进入因果推断方法的教学。主流的因果推断方法包括随机对照实验、工具变量法、双重差分法、断点回归设计等。其中，随机对照实验或干预实验虽然具有较强的因果推断能力，但对实际的研究环境、研究条件要求很高，在多数情况下并不适用于本科生的学术研究和写作。但这并不意味着在教学中应当放弃或者大幅度淡化这部分内容。实际上，自统计学巨擘罗纳德·费希尔提出随机对照实验思想以及杰弗里·马歇尔等人开展人类历史上的第一个随机对照实验之后，通过构造反事实来进行因果推断的思想才真正转化成了一种实际的行动。通过 RCT 相关内容的学习，学生能够进一步探索"反事实"的本质以及如何构造"反事实"。在这部分内容的教学中，笔者讲述了美国开展医疗补助计划的例子。医疗保险是否能够有效提升参保人的健康水平，一直是公共经济学和健康经济学关注的重要话题。笔者首先引导学生思考，如果通过直接比较参保人群和未参保人群的健康水平差异，将面临怎样的因果推断威胁。通过前述内容的学习，学生很快想到其中会存在自选择偏差：身体健康状况相对较差或患病风险更高的人群具有更强的参保倾向。随后笔者介绍了经济学家为了考察医疗补助计划对居民健康的影响，借助当时俄勒冈州的医疗补助计划所展开的研究。俄勒冈州有意扩展医疗补助计划的覆盖范围，但其财力无法做到将 75000 名潜在申请者全部吸纳。于是州政府通过随机抽取的方式选择了其中的 30000 人，授予其参保选择权。经济学家利用这一政策中分组的随机性构造一个近似的"反事实"，有效地应对了选择偏差导致的内生性问题，进而科学评估医疗补助计划的影响。

1987 年，在美国复杂性科学研究基地圣塔菲研究所，以诺贝尔经济学奖得主肯尼斯·阿罗为代表的 10 位顶尖经济学家，和以诺贝尔物理学奖得主菲利普·安德森为代表的 10 位顶尖的自然科学家展开了一场深刻的探讨，话题的中心是：经济学究竟算不算科学？很多自然科学家主张经济学不是科学，一个重要的依据是他们认为经济学家们从不做实验，只是躲在书房里面算算术。通过随机对照实验相关内容的学习，学生会发现，自然科学领域的实验思想实际上在经济学研究中具有广泛的应用，并且在工具变量法、双重差分法、断点回归设计等因果推断方法中，都有着随机对照实验思想的影子。基于此，笔者认为随机对照实验这部分内容有必要放在因果推断整个课程较为靠前的环节，并且安排较充足的教学时间。

对于随后的工具变量法、双重差分法、断点回归设计等几部分内容，笔者认为可以根据教学的具体情况灵活调整时间分配。对于大部分学生而言，这几个因果推断工具在理解上的难度会大于随机对照实验。但必须考虑到，财政和税收领域大量的制度设计和政策改革都有可能作为外生冲击，为实证研究提供有利的条件，而财税领域的改革也需要以科学的政策评估作为重要参照。因此，对上述因果推断方法，可以首先通过现实中财税领域的重要问题导入，激发学生的探究兴趣。其次引导学生分析其中潜在的因果推断威胁。最后通过阐述某一推断方法的形成过程及其背后的基本逻辑，引导学生思考是否能够运用该方法解决上述内生性问题。

值得一提的是，笔者在教学中发现，本科生虽然在理论知识的储备上处于初步积累的阶段，但他们往往能够表现出令人惊喜的创造性思维。例如，在笔者讲述美国医疗补助计划随机对照实验研究方法时，就有学生提出："是不是可以一方面横向比较参保人和未参保人的健康状况，另一方面对这两个群体进行纵向的比较，分析他们在参保计划开展前后的健康状况差异？"这一想法已经在很大程度上接近了双重差分的基本思想。本科生展现出的对因果推断方法的学习热情与创造性思维不仅令人感到欣慰，同时也增强了我们针对本科生开展此项内容教学的信心。我们希望通过开设针对财政学专业本科生的因果推断方法论课程，向其介绍因果推断工具的基本思想和原理，以及顶尖的经济学家如何运用这些工具去解决问题，从而塑造其探究真实因果关系、因果效应的意识，培养其思维和研究能力。无论对于打算未来从事财税实务的学生，还是对于打算从事财政学科研的学生，这都是有意义的。

参考文献

［1］刘甲炎，范子英. 中国房产税试点的效果评估：基于合成控制法的研究［J］. 世界经济，2013，36（11）：117－135.

［2］GINÉ X，KARLAN D，ZINMAN J. Put your money where your butt is：a commitment contract for smoking cessation［J］. American economic journal：applied economics，2010，2（4）：213－35.

［3］LEAMER E E. Let's take the con out of econometrics［J］. The American economic review，1983，73（1）：31－43.

财政数字化转型的机遇与挑战

陈凌庆①

（四川大学经济学院，四川成都，610065）

摘要：数字财政是近年来财政学领域的研究热点之一，系统梳理财政数字化转型内涵，对引导地方稳妥有序推进财政数字化转型具有重要的理论价值和实践意义。本文简要梳理了财政数字化转型的现实机遇与应用挑战，介绍了多国财政数字化转型的应用现状，从理论基础与需求契合角度总结归纳了财政学专业教育教学内容的相关思考。

关键词：财政；数字化；转型

一、引言

财政是国家治理的基础和重要支柱。财政数字化转型既是政府实施数字化转型的重要内容，也是数字化浪潮下财政治理的大势所趋。据《中国数字经济发展白皮书（2022 年）》统计，2021 年，我国数字经济发展规模高达 45.5 万亿元，占 GDP 比重达到 39.8%。数字化建设浪潮为财政治理带来了全新的挑战与机遇。2022 年 4 月，习近平总书记在主持全面深化改革委员会第二十五次会议时专门强调："要全面贯彻网络强国战略，把数字技术广泛应用于政府管理服务，推动政府数字化、智能化运行，为推进国家治理体系和治理能力现代化提供有力支撑。"② 相比于传统的财政治理，财政数字化转型将利用人工智能、数字技术和区块链等技术，旨在用数字化技术手段重构财政体系，使传统的政府预算、税收征管、政府采购、转移支付等业务流程及其公共决策通过

---

① 陈凌庆（1994—），四川大学经济学院助理研究员。
② 《习近平主持召开中央全面深化改革委员会第二十五次会议强调　加强数字政府建设　推进省以下财政体制改革》，《人民日报》，2022 年 4 月 20 日第 1 版。

智能化互联，拓展财政学的内涵与外延。因此，厘清财政数字化转型的机遇与挑战将给财政治理现代化带来巨大变革。

数字财政是数字政府治理的基础和重要支柱，将重构财政运行机制（上官泽明等，2023）。一方面，在政府治理过程中，财政政策的有效性是指收集和使用资源以稳定经济周期、追求分配目标，以及实现公共支出，它在很大程度上取决于政府能够获得的信息和技术，以及政府如何利用这些信息和技术。一般来说，政府在经济衰退时会刺激经济，在经济繁荣时会节省开支，而政府征税是为了提供社会安全、医疗和教育服务，以及建设基础设施等，则诸多财政政策的设计和执行从根本上取决于政府可获得的有关经济及参与者信息的可靠性、及时性和详细程度，而这恰是财政数字化转型的优势所在。另一方面，数字财政能够有效应对国家治理中的公共风险防范，相比于传统的财政风险治理，财政数字化转型有效缓解了"政府失灵"和"市场失灵"，其通过嵌入数字经济、数字社会、数字政府等方式，形成数字财政新模式，重塑政府与市场的边界，及时发现财政资金使用风险等，将财政方式由事后财政转变为事前财政和事中财政，由静态财政转变为动态财政，由现场财政转变为远程财政，大幅提升财政治理效率。

二、财政数字化转型的机遇

（一）实现数字政府治理，推进政府资源重整与深入应用

在财政数字化转型的背景下，政府通过构建一站式数字化服务平台，实现财政有关的数据采集与整理，对财政数据进行查询、共享、分析和应用，进而为政府实施财政政策提供科学预测和实践经验。例如，财政数字化可以及时发现违法违规的财政收支行为，监控财政收入入库和重点税源的纳税状况，并对财政支出风险进行预警。另外，能够全景分析政府资产负债状况，借助部门与各类金融机构之间共享的信息，了解地方债务借贷状况，了解政府的具体资产与负债，以供分析决策并且实现准确的量化考核。财政数字化转型通过建立高频率高质量的财政数据交换和共享平台，从而实现对公共财政资源的广覆盖、全反映和强监管，保障财政活动可视化运行，提高财政资金使用效率，最终推进政府资源的重整与深入应用。

（二）破除财政信息孤岛，促进财政现代化转型

由于财政数据涉及的政府部门较多，大批量的数据信息质量良莠不齐，并且各部门的信息规范化建设程度不一，因此当前各政府部门之间信息互享互通

的程度较低，庞大的财政信息产生数据冗余，形成信息孤岛。财政数字化转型可以有效提升资源配置效率，降低信息不对称性，即各政府部门的信息进行高效率、高频率共享共建，促进跨区域层级的协同管理和服务，实现不同层级不同部门的数据采集，增加政府部门之间数据的对比性，减少信息不对称导致的政策决策偏离，动态监控企业的财税资金往来，最终助推财政部门的现代化进程。

（三）提高政府管理透明度，增强预算治理有效性

财政数字化转型后，财政部门以信息共享为基础，采集和处理数据，同时借助于财政数据模型的算法，能够实现财政政策绩效考核、对预算精细化管理、监管和预测税收数据等多重效果。数字赋能政府预算管理制度，强化人大预算监督职能，是实现国家治理体系与治理能力现代化的重要方面（樊丽明等，2022）。对此，我国的预算管理正迎来重大改革，依托数字化预算联网监督平台，"互联网＋"人大预算监督模式应运而生，各级人大的预算监督工作由"人工审查"升级为"数字智能监督"。通过数字化预算转型，建立起约束有力、标准科学、规范透明的财政预算管理制度，分析财政资金的使用去向与使用效率，科学评估财政政策实施成效，对财政资金的有效性、及时性、经济性和精准性进行客观评价，提高预算治理的有效性。

（四）挖掘财政数据信息，促进税收征管的精准性

数据挖掘可以在众多不完全、不清晰、随机且噪声较大的税务财务数据之中，进行信息对比与个性化处理，通过大数据挖掘各项财务税务信息内部的相互关系，及时监控和统一纳税人收入、消费和财富积累的能力。例如诺贝尔经济学奖获得者 Mirrlees（1971）提出了劳动收入的最优非线性税收，由于政府无法验证个人的盈利能力和工作投入而影响了最优税制设计的实践，而财政数字化转型可以及时捕捉个人的税收信息和劳动数据，为非线性税制的优化设计提供参考依据。此外，财政数字化转型可以节约传统税务数据采集与处理分析的人力物力，提高税收征管的有效性与精准性，也可以帮助政府提高税收服务质量，促进税收服务的数字化转型。目前部分国家已经掌握多维度的个人收入与企业经营信息，例如澳大利亚和英国的税务系统可以即时收到员工工资单；俄罗斯政府可以通过电子发票获得企业的销售数据；巴西的公共数字报告系统（SPED）允许税务部门根据企业年度数字经营信息，确定企业的年度纳税义务，此举显著降低了税务部门的稽查成本，有效提升税收征管效率。

三、财政数字化转型的挑战

(一)缺乏财政数字化转型的人才

财政数字化转型的高速发展与普及,使得财政部门对专业人才的需求更加迫切,这也严重影响了财政部门的办公效率和实践活动。与传统的数据分析和计量经济原理相比,先进的数据挖掘技术在这些理论的基础上需要包括分析与判别等更多领域的专业技术,因此财政数字化转型不仅需要懂得计算机和网络的人才,还需要能够应用数据库和懂得财政预算的综合性人才,但当前财政部门急缺财政信息化方面的专业人才,这一困境仍旧不能得到充分解决。各地方财政部门的当务之急就是加快财务信息化领域的人才培养。然而,财政部门存在大量的中老年工作人员,这些工作人员对于传统的财政办公流程较为熟练,但缺乏相应的计算机操作能力,对于当前先进的数据管理知识难以接受,无法利用计算机进行高效的财政办公,降低了财政办公的效率。并且,在财政学教育的培养体系中,教学课程设计和教材案例内容都与财政数字化的应用有所偏离,导致高校培养的大量财政学、税收学专业的学生无法将专业知识与数字化管理进行有机结合,出现了培养人才的结构性矛盾。

(二)财政数字化转型的应用不足

由于各地区各层级的财政数字化转型程度不一,部分财税系统工作人员仍然是"以账为本,以账为凭"的传统思路,认为财政工作的要求只是基本的财政电子账单与系统操作,因此当前仍存在区域财政数据无法共享的问题,而且财政各相关单位工作人员之间业务流程孤立,各项资金账单不能及时共享互联,财政相关工作开展缓慢。这不仅制约了后续的财政支出预算以及绩效评价的工作,使整个财政数字化转型的进程比较缓慢,也导致财政数字化转型过程中缺乏相应的财政信息化方面的创新。因此,为保证财政数字化转型的有序进行,先进的信息技术辅助是不可或缺的,财政业务也能将其结合于实际办公需求,以推进财政信息化的创新发展,进而保证财政数字化转型的成功。

(三)财政数字化转型的数据采集缺乏标准

虽然有关财政数据的采集标准正在逐渐建立,但对于横跨多部门多层级的数据资源管理仍缺少成熟的数据标准,制约了财政数据的采集、储存与分析应用。例如,四川省较早开始实施人大预算联网监督,在数字赋能政府预算管理中积累了大量的实践经验。截至2023年,全省各市县均实施了人大预算联网监督系统。然而,预算监督过程中缺乏全省区县统一使用的数据标准和规范,导致上报的数据内容混乱且兼容性差，其横向联通受阻，制约着预算监督效能。此外，鉴于财政部门与其他相关部门关于财政方面的实践活动在随着时代变化而不断改善，也不可避免地出现财政数据与其他相关数据统计标准的变化，针对这种情况，究竟该以怎样的数据规范对不同来源的财政相关数据进行存储与分析处理，一直是财政信息化的关键难题。

（四）财政数字化转型下的企业税收问题

在数字化税收征管过程中，大型企业的避税问题一直困扰着税务部门，而财政数字化转型更是加剧了这一难题。例如，大型电子商务企业能够在多个地区以电子方式运营和销售，而无须在当地设立实体店，呈现出地区间"销售极化、消费均化"的特征，使得增值税收入主要集中在销售地区，由此关于增值税是以消费地原则还是生产地原则进行征税引起了广泛的争议（倪红福等，2023；刘怡等，2022）。此外，为了避免经营交易被数字化平台记录，部分纳税人开始使用现金进行交易，尽管随着可追踪的数字交易便利性不断增强，这也面临着巨大的监管成本，故一些国家开始将大面额纸币"去货币化"或从流通中撤回，以杜绝无登记活动，并鼓励使用数字货币转账，而这也引起了纳税人对信息管理和隐私泄露的担忧问题。

四、财政数字化转型的教学改革思考

上述讨论了财政数字化转型的机遇与挑战，不难看出财政数字化转型是今后财政学教育教学的大势所趋。高校财政学专业的人才培养亟须根据财政数字化转型的进程进行创新，对于本科生的教学尤其重要。基于此，笔者认为在教学改革中应当注意以下两个方面。

（一）理解财政数字化转型的理论基础

在理想的情况下，财政数字化转型可以帮助政府低成本、高效率、高频率地核实或者预测所有相关的经济结果和纳税人的数据。那么，福利经济学的第二个基本定理的前提将逐步实现，即存在没有外部性、没有垄断、拥有完整的合同、信息对称、完整、零交易成本的市场，此时政府可以完全区分资源配置和分配问题，因为任何有效的市场都可以通过使用个性化的一次性税收和转移支付进行适当的再分配。然而，财政数字化转型并不能完全消除信息限制，例如，在一个完全数字化的世界里，即使没有避税或逃税，税务部门也无法察觉工作努力、私人偏好等个性化信息，而这些信息限制决定了避税和逃税的机会，形成了公平与效率之间不可避免的取舍（Mirrlees，1971）。财政数字化转型可以极大地减少这些信息限制，在一定程度上实现公平与效率的权衡，部分实现福利经济学第二基本定理的假设条件，而这也是理解财政数字化转型的重要路径。

（二）对接财政数字化转型的应用需求

鼓励在财政部门、金融机构或科技公司中实践应用数字化工具和技术的高水平人才进入校园，向学生提供实践学习的机会，包括培训课程、研讨会、工作坊等，帮助学生不断学习知识和技能，锻炼实际操作能力。也可以让教师接触真实的数字化财政工作环境，鼓励教师参与行业协会和专业组织，与同行交流分享经验，通过探索最新的数字化工具和技术发展动态，了解实际操作和应用需求，反哺课堂教学。此外，还需培养学生的财政管理、财务分析、数据处理和信息安全等方面的知识和技能，使其能够综合运用数字化工具解决实际问题。学校通过校内校外合作与学生实践等方式，推动财政学专业数字化转型的人才培养进程。

参考文献

[1] 樊丽明，史晓琴，石绍宾. 我国地方人大预算监督评价：理论、指标及应用 [J]. 管理世界，2022，38（2）：100－115＋7.

[2] 刘怡，聂海峰，张凌霄，等. 电子商务增值税地区间分享和清算 [J]. 管理世界，2022，38（1）：62－78.

[3] 倪红福，黄靖桐，李善同，等. 增值税分享再测算及其对地方财力的影响——基于投入产出表的分行业消费地原则方法 [J]. 数量经济技术经济研究，2023，40（3）：50－69.

[4] 上官泽明，李璐璐，白玮东. 财政数字化转型与公共支出结构优化 [J]. 财政研究，2023（6）：96－112.

[5] MIRRLEES J A. An exploration in the theory of optimum income taxation [J]. The review of economic studies，1971，38（2）：175－208.

财政学专业学习的收获与思考

周　旗[①]

（四川大学经济学院，四川成都，610065）

摘要：财政是国家治理的基础和重要支柱。财政学本科教育是培养财政学专业人才的重要手段。四川大学经济学院财政学专业致力于培养堪当时代复兴大任的高素质、复合型财政学人才，通过合理选择、配置精品、一流课程，在新时代着重增强学生政治素养、通用技能与专业本领，将价值实现融入职业发展。但是从学生的角度出发，本科阶段的学习还存在着改进和提升的空间，具体来说可以通过加强学术指导训练、提升沟通表达能力以及寻找课程联结纽带来进一步培养高质量财政人才。

关键词：财政学；专业学习；人才培养

一、引言

作为一门研究国家财政分配关系的形成和发展规律的学科，财政学是应用经济学的重要组成部分。财政是国家治理的基础和重要支柱。财政学关乎国家财政政策的制定与执行，影响着宏观经济的稳定与增长；财政学涉及公共资源的配置与利用，直接关系到社会福利和公平正义的实现；同时，财政学还关注财政风险的管理与防范，为国家的长治久安提供重要保障。

党的二十大报告指出："必须坚持科技是第一生产力、人才是第一资源、创新是第一动力，深入实施科教兴国战略、人才强国战略、创新驱动发展战略，开辟发展新领域新赛道，不断塑造发展新动能新优势。"[②] 财政学本科教

---

①　周旗（2001—），四川大学经济学院财政学专业研究生。

②　习近平：《高举中国特色社会主义伟大旗帜　为全面建设社会主义现代化国家而团结奋斗——在中国共产党第二十次全国代表大会上的报告》，人民出版社，2022年，第33页。

育是培养财政学专业人才的重要手段，为国家财政工作的顺利开展提供有力的人力资源保障。四川大学财政学专业因 1998 年应用经济学一级学科的专业调整，在原"投资学"专业的基础上申请设立并开始招收本科生。财政学本科教学以"培养拥有公共意识、国际视野与经邦济世情怀，掌握经济学和财政税收基本理论和方法，能熟练运用现代经济学的分析方法，熟悉我国财税政策法规与财经运行现状，具备综合运用专业知识分析和解决财政税收问题的能力，能继续在高等教育机构深造或在政府部门和企事业单位从事财政或税收等相关方面工作的高素质、复合型人才"[①] 为培养目标，是四川省财政与税收本科人才培养基地。

立德树人这一根本任务需要通过构建"以学习者为中心"的教育生态来实现，学生和教师二者占据"学习者"的主体地位，从学生的视角出发，了解在四年财政学本科学习经历中的收获与期望，有助于更好地评估本科教育的质量和效果，为改进教学方法、优化课程设置提供有益的参考，具有一定的现实意义。

二、财政学专业学习的内容与收获

（一）课程学习

为实现专业培养目标，大一和大二上学期的学习旨在搭建扎实的经济学分析基础。在这一阶段，我们主要学习数理分析方法、西方经济学基本分析方法以及部分基础理论经济学知识，从而为后续经济大类的专业分流打下坚实的基础。具体来说，微积分（Ⅲ）－1、线性代数（Ⅲ）、微积分（Ⅲ）－2、概率统计（Ⅲ）等课程提供了必要的数学工具，微观经济学、宏观经济学、政治经济学和中国特色社会主义政治经济学等课程让学生对经济学的基本概念和原理有更深入的了解，统计学、会计学、财政学和金融学等专业课程，进一步拓宽了学生的经济学视野，并为后续的专业学习提供有力的支撑。

完成这些基础部分的学习后，学院将进行专业分流。选择财政学专业的学生将正式开始学习专业核心课程，深入探究财政学领域的理论知识和实践应用。在大二下学期，为了衔接平台基础课和专业课，学生主要学习计量经济学、中国税制和国际经济学等课程。这些课程将帮助学生建立起财政学的基本分析框架。大三上学期，将进一步深化学习政府预算、税收管理和国际税收等

① 四川大学教务办：《四川大学经济学院财政学专业简介》。

更加专业的课程。大三下学期，财税理论前沿、地方财政学（全英文）、财政制度比较研究、投资项目评估和财政管理等课程将进一步提升学生专业素养和实践能力。

此外，学校和学院还提供了丰富的通识课和专业选修课，例如城市经济学、市场营销、财务管理、Stata 软件应用基础、财务会计、税收管理、发展经济学、经济史等，这些课程涵盖了人文、社会科学等多个领域，提供了更加广阔的学习视野，帮助学生拓宽知识面，提升综合素质。

在大四学期，学生将进行毕业实习和毕业论文的写作，这是综合运用所学知识、提升实践能力的重要环节。通过这一阶段的学习，学生能够全面展示自己的专业素养和综合能力，为未来的职业生涯做好充分的准备。

（二）能力培养

根据培养目标，财政学专业的本科毕业生应具备良好的政治思想、道德品质和爱国爱校情怀；掌握财政、税收基本理论、基本知识；具有处理财政、税务实践的基本能力；熟悉国家有关财政、税收的方针、政策和法规；了解财政、税务的理论前沿和发展动态；掌握文献检索、资料查询的基本方法，具有一定的科学研究和实际工作能力；具有较强的口头和文字表达能力，熟练掌握一门外语并娴熟运用计算机，能够从事财政、税务及相关管理工作。

首先，财政学本科教育注重提升学生政治素养。财政本是为国理财，研究国家主体的财政收支活动，相较于其他专业，财政学在课程设置和教学内容上充分融入了思政元素，强调培养学生的国家意识和爱国情怀。在教育实践中，借助多元化的专业课程，比如财政学、财政制度比较研究、财政管理、财税理论前沿、政府预算等课程全面描绘我国财经发展的宏伟画卷，深刻剖析财税改革的历史背景、发展轨迹及当前面临的挑战，进而让学生了解中国国情，理解中国故事。同时，注重在专业课中融入历史分析，让学生追溯和认识我国财政领域的悠久传统。在诸如财政学、中国税制等课程的教学中，教师会紧密结合课程内容，巧妙地穿插制度变迁、实践演进及理论创新的讲解，使学生在掌握专业知识的同时，能够深刻领悟我国财政领域的历史与文化底蕴。

其次，财政学本科教育注重培养通用技能。在课程作业的完成过程中，学生通过不断练习，逐渐掌握了文献检索、资料查询和数据收集与分析等基本技能。这些技能的掌握不仅有助于深入理解课程内容，更能够为未来的学术研究和工作实践提供有力的支持。毕业论文的写作过程更是对写作能力的全面锻炼，从选题、构思、撰写到修改，每一个环节都考验着学生文字表达能力和逻辑思维能力。此外，在小组作业和课堂展示等教学活动中，小组成员密切合作，共同完成任务，这不仅可考验学生团队协作能力，也可锻炼学生口头表达和沟通能力。同时，学生还能够通过大学英语和计算机基础等课程的学习，进一步提升自己的外语水平和计算机操作能力，为未来的国际交流和职业发展打下坚实的基础。

最后，财政学本科教育注重强化专业本领。财政学作为一门专业性强的学科，要求毕业生具备扎实的专业知识和技能。因此，财政学本科教育在课程设置和教学方法上，都注重培养学生的专业本领。通过系统学习财政学的基本理论和知识，学生可逐渐掌握财政活动的运行规律和政策制定原理。同时，学生通过参与课题研究、社会实践等活动，还可以进一步深化对财政学的理解和应用，提升自己的专业水平和能力。

综合来看，财政学本科教育通过多元化的教学方式培养政治素养高、通用技能强、专业本领硬的高质量人才，这些特质不仅符合财政学专业的内在要求，也适应国家建设和社会发展的实际需求。

（三）职业发展

四年的本科生涯，对于学生而言，不仅仅是一段知识的积累过程，更是一次职业发展的深度探索之旅。在这四年的学习中，学生不仅可系统地掌握财政学的基本理论、知识和技能，更可在不断实践、探索和思考中，逐步明确自己的职业方向和发展目标。

毕业之际，财政学专业的学生展现出了极高的专业素养和广泛的就业选择。调查报告显示，2019 年财政学本科毕业生 48 人，境内外升学 15 人，占比 31.25%，就业和自主创业 33 人，占比 68.75%[①]。选择继续深造的学生进入国内外知名的高等教育机构攻读硕士或博士学位，进一步提升自己的学术水平和研究能力，经过不断学习和探索，在财政学这一博大精深的领域取得更大的成就。而选择直接就业的学生同样在财政学专业的培养下，获得了丰富的实践经验和专业技能。他们能够在政府部门、企事业单位以及会计与税务事务所、金融机构等从事与财政或税收相关的各项工作。调查报告显示，2019 年财政学本科毕业生中，有高达 70% 以上的学生从事与所学专业紧密相关的工作，具体工作包括税收管理、税收筹划、财务工作等[②]。

[①]　四川大学经济学院：《财政学——省级一流本科专业建设点信息采集表》。
[②]　四川大学经济学院：《财政学——省级一流本科专业建设点信息采集表》。

三、财政学本科教育的改革建议

(一)加强学术指导训练

对于财政学专业的学生,无论是选择继续深造,还是步入社会,学术指导训练都是不可或缺的。它不仅为学生提供了坚实的财政学理论基础,更是对学生个人能力和思维方式的全面塑造和提升。学术指导和训练教会学生如何在信息化时代,运用科学的方法,对信息进行分类、整理和分析,从而帮助学生更好地理解和应对复杂多变的经济环境。其所要求的思维模式,即独立思考,提出观点,然后用严密的逻辑推理和数据分析验证想法,不仅可以帮助学生在学术领域取得突破,更让学生能够在实际工作中面对复杂问题时迅速找到问题的症结,提出切实可行的解决方案。

1. 加强学术指导,系统高效学习,减少试错成本

在学习的道路上,每个本科生都面临着从高中灌输式学习到大学自主学习模式的巨大转变。平台课程和专业课程都有指定任课教师的指导,但学术训练并没有。学生徜徉在互联网的世界,虽然获得了更多的学习选择,但有时也因此眼花缭乱、顾此失彼、患得患失。在不断地尝试和摸索后磕磕绊绊完成课程作业的学术经历中,有的学生获得源源不断的成就感,也有的学生逐步丧失了对科学研究的兴趣与激情。学校也许开设了专门的课程,但是与经济学和财政学的关联度不高,在学分压力和成绩压力下,学生不愿意选择此类课程。学院可以介入,邀请教师开设专门的学术系列讲座,涵盖数据库使用、文献检索技巧、学术写作规范,为经济大类本科学生提供系统的入门指导;或者整合相关互联网资源,为迷茫的学生选择并推荐合适的课程,减少学生的试错成本。也可以搭建师兄师姐与学弟学妹的沟通桥梁,邀请师兄师姐分享相关经历,提高学生学习效率。

2. 增加学术训练,激发学习兴趣,提高学术水平

本科阶段的学习大多以理论为主,但课本上的理论更多是抽象的或过去的,与现实应用或发展前沿的理论存在较大差异,难以让学生真正掌握理论核心,难以激发学生的主观能动性。要充分发挥计量经济学研究结论可视化的作用,提升学生使用计量软件的能力。学生在实践中获得成就感时,学习兴趣自然会被激发,获得持续的学习动力。并且,更多的前沿知识能启发学生的思考,提升学生的思维能力。然而,将完整的学术训练交由某一专业课教师承担,势必会加重师生负担,也不利于学术训练的全面性和系统性。可以考虑开

设专门的学术训练课程，系统地提升学生学术水平，积累学术训练经历。也可以将学术训练分解为诸如论文选题、文献综述、行文规范等若干部分，交给不同的任课教师负责。教师在考查学生专业课学习成果的同时，有意识地侧重相关学术指导和训练，让学术训练贯穿各门专业课，最终形成合力，共同提升学生的学术水平。

（二）提升沟通表达能力

在新技术革命的推动下，我们通过网络获取大量知识，沉浸在虚拟空间的时间更多了，与教师、学生之间的交流相对减少。研究生阶段的学习和任何职业的工作都要求较强的写作能力，以及在听的时候抓住重点、浓缩资料，条理清晰、有理有据地表达。虽然学生的沟通交流能力在课堂展示、小组作业、课堂讨论、课程论文写作等过程中不断提升，但有时在面试、学习或工作中都深感沟通能力的不足和局限性。因此，要在本科生教育中持续加强沟通交流能力的培养。

1. 提升书面写作能力

可以通过分享优秀的财政学论文、案例研究等方式，让学生看到写作的实际应用价值，强调写作的重要性，并激发学生对写作的兴趣。开设写作专业课程，指导学生掌握写作基础知识，系统学习写作理论，包括文章结构、段落安排、语法修辞等。同时，结合优秀的财政学论文和报告，学习如何运用专业术语和表达方式，学习作者的思维方式和写作方法。让学生不断尝试不同类型的写作，如课程论文、案例分析、研究报告，不断提高写作水平。

2. 提升面对面交流能力

一是让学生敢交流。充足的自信心是敢于表达的基础，通过鼓励、表扬和正面反馈，让学生认识到自己有能力参与讨论和交流。在课堂和校园活动中，营造轻松、友好的交流氛围，让学生感到被接纳和尊重，从而敢于表达自己的观点。鼓励学生参与课堂讨论、小组活动、模拟辩论等，让他们在实践中获得敢于表达的勇气。二是让学生想交流。引入有趣的话题、案例和实践活动，激发学生对财政学领域的交流兴趣，让他们有表达的欲望。培养学生对财政学专业的认同感和热爱，让他们愿意与他人分享自己的见解和心得。也通过团队合作项目，让学生意识到有效交流对于团队成功的重要性，从而愿意主动交流。三是让学生能交流。开设专门的交流技巧课程，指导学生如何清晰、有条理地表达自己的观点，学习如何运用恰当的语气、语速和肢体语言来增强表达效果。建立线上和线下的交流平台，如论坛、研讨会、工作坊等，让学生有更多的机会进行交流和分享。除了课堂交流外，鼓励教师对学生进行一对一的交流和指导，让学生感受到教师的关注和支持。组织跨学科的活动和项目，让学生有机会与其他专业的学生和教师交流，拓宽视野和思路。建立有效的反馈机制，让学生和教师可以互相评价，及时发现问题并改进。同时，鼓励学生之间互相学习、互相评价，形成良好的交流氛围。

（三）寻找课程联结纽带

1. 将数学作为方法论贯穿学习全过程

大一学期经过微积分、概率统计和线性代数课程的学习，学生基本掌握了数学方法。在这些课程学习结束后，随着时间的推移，很多学生逐渐遗忘了大部分知识，也许在大二上学期学习宏观经济学时依稀记得数学相关知识，但是大二下学期学习计量经济学，以及大三、大四学期学习地方财政学、发展经济学等课程时，已经遗忘了数学相关知识，导致学习这些课程较为困难。因此，应当持续加强数学方法的学习和练习，优化课程设置，将对数学要求高的课程安排到靠前的学期，加深学生对数学方法技巧和专业知识的理解。并且，教师也要在日常教学中，强化数学方法，重用数学工具。

2. 加强历史知识的联系

帮助学生建立起对政治、经济、社会等多维度历史背景的整体认知，在各专业课之中穿插国有资产管理制度、预算管理制度、政府采购制度、税收制度等历史变迁知识。然而，专业课各章节往往聚焦某一特定领域的内容，虽然详尽但相对独立，每个制度变迁似乎都游离于不同的时间线上，学生难以自行找到连接这些时间线的桥梁，从而难以全面把握制度变迁背后的深层逻辑。为了克服这一难题，可以考虑开设专门的财政史课程，将各领域的制度变迁置于一个更为宏观的历史框架中进行考察，以揭示它们之间的内在联系和相互影响。若条件有限，教师在教学过程中也可以发挥关键作用，引导学生发现联系的关键点，帮助学生构建起一个完整、连贯的制度变迁知识体系。

参考文献

［1］司林胜. 聚焦立德树人根本任务　着力构建"以学习者为中心"的教育生态［J］. 党的生活（河南），2023（15）：14-15.

［2］洪永森. "新文科"和经济学科建设［J］. 新文科教育研究，2021，1（1）：63-81+142.

［3］樊丽明. 财政学类专业课程思政建设的四个重点问题［J］. 中国高教研究，2020（9）：4-8.